청지기 수업

청지기 수업

지은이 | 한규삼
초판 발행 | 2018. 2. 12.
7쇄 발행 | 2023. 12. 14.
등록번호 | 제1988-000080호
등록된 곳 | 서울특별시 용산구 서빙고로65길 38
발행처 | 사단법인 두란노서원
영업부 | 2078-3352   FAX | 080-749-3705
출판부 | 2078-3331

책값은 뒤표지에 있습니다.
ISBN 978-89-531-3075-3 03230

독자의 의견을 기다립니다.
tpress@duranno.com   www.duranno.com

두란노서원은 바울 사도가 3차 전도여행 때 에베소에서 성령 받은 제자들을 따로 세워 하나님의 말씀으로 양육하던 장소입니다. 사도행전 19장 8-20절의 정신에 따라 첫째 목회자를 돕는 사역과 평신도를 훈련시키는 사역, 둘째 세계선교 (TIM)와 문서선교 (단행본·잡지) 사역, 셋째 예수문화 및 경배와 찬양 사역, 그리고 가정·상담 사역 등을 감당하고 있습니다. 1980년 12월 22일에 창립된 두란노서원은 주님 오실 때까지 이 사역들을 계속할 것입니다.

매일 주인 뜻대로 사는 훈련

청지기 수업

한규삼 지음

두란노

차례

삶터에서 꽃피우는 청지기 정신

우리 시대의 그리스도인은 일과 일터를 잃어버렸다. 모두 실직자가 되었다는 뜻이 아니다. 성경에서 말하는 일과 일터에 관한 바른 교훈을 배울 기회가 없었으므로, 우리는 마치 훈련 안 된 학도병이 전쟁터에 투입된 것처럼 일과 일터에 놓였다는 뜻이다. 학교는 오래 다녔고, 배운 것도 많으며, 스펙도 넓어졌는데, 일과 일터에 대한 배움은 대개 세상에게서 얻은 세속주의에 근거하고 있다. 교회는 세상에 나가 그리스도인답게 살아야 한다고 자주 선포하지만, 막상 교회 밖을 나서면 관성에 따라 세속의 원리를 따르는 것 같다.

미국 이민 목회가 나름 익숙해질 무렵, 나는 그리스도인의 신앙은 교회 안에서보다 삶의 자리에서 더욱 꽃피워야 한다는 생각에 강하게 사로잡혔다. 교회에서 신앙으로 단단히 무장시키면 그 힘으로 악한 세상에서 간신히 버텨 내는 신앙이 아니라, 삶의 자리를 가꾸고 그 자리에 견고하게 서서 세상 속으로 힘 있게 침투해 가는 신앙이 필요하다고 본 것이다.

하나님은 당신의 백성이 일터를 신앙으로 일구며 멋지게 전진하라고 명령하셨는데, 지금 우리는 일터에서 살아남기에 바쁘거나 아예 신앙을 접고 세상의 방식을 따라 살아가는 데 너무나 익숙하다.

그리스도인이 일터에서 하나님의 원리대로 살면 생존 자체를 위협받는다고 생각하는 듯하다. 무엇보다도 그들은 하나님의 원리대로 살아가는 그리스도인을 잘 알지 못한다. 그런데 교회는 이 문제를 심각하게 다루지 않는 듯하다.

한국 교회가 오랫동안 소중한 지표로 삼았던 '교회 중심의 신앙'은 과연 하루가 다르게 변화하는 오늘을 사는 젊은 그리스도인에게 바른 지침이 될 수 있을까?

'교회 중심의 신앙' 생활을 하던 믿음의 선배들은 지금처럼 복잡한 현대 구조 속에 살지 않았다. 온 마을이 거의 그리스도인이었고 예배가 곧 삶이었던 시대다. 하지만 오늘날 맨해튼의 젊은이들은 보통 하루 12시간을 일한다. 한국 사회의 젊은이들도 이와 다르지 않다. 하루에 10~12시간을 일한다면, 출퇴근 시간과 이를 준비하는 시간까지 합하면 남은 시간은 먹고 자는 것도 부족할 지경이다. 먹고 자는 것도 부족한 현대인들에게 적합한 신앙 지침은 무엇인가? 어떻게 하면 이들이 일과 일터에서 자신의 신앙을 지킬 뿐 아니라, 신앙을 실천하여 성장하고 신앙의 꽃을 피우며 열매를 맺을 수 있을 것인가?

내가 깨달은 것은 우리가 구원을 받을 때, 하나님은 나의 영혼뿐 아니라 내가 하는 일과 일터도 함께 소생해 주셨다는 것이다. 구원이란 어찌 보면 주인을 되찾은 것이다. 모세 시대의 구원은 '바로'라는 거짓되고 포악한 주인에서 '여호와 하나님'이라는 참 주인을 찾은 것이었고, 우리 시대의 구원은 '스스로 주인 삼으라'는 세속주의의 교묘하지만 강력한 도전 속에서 '구주 예수 그리스도를 유일한 주인으로 인정하라'는 것이다.

우리가 참 주인을 만날 때 우리 일은 의미 있는 사역이 된다. 예수님은 주인(아버지)을 위해서 일한다고 선포하셨다. 주인의 일은 교회를 위해 봉사하는 것에 국한되지 않는다. 이 땅에서 살아가는 데 필요한 모든 영역이 해당한다.

청지기는 주인의 사람이다. 선한 청지기는 선한 주인을 만난 사람이라고 할 수 있다. 삼위 하나님이 나의 주인이며, 그분의 일을 하기 위해서 내가 부름받았다고 고백할 수 있다면, 나는 하나님의 선한 청지기다.

한국 교회가 다시 한 번 세상을 향하여 복된 영향을 발휘할 수 있는 길은, 각자의 일터와 삶터에서 주인의 청지기로 성실하게 맡은 일을 감당함으로써 하나님의 일하심과 그분의 뜻이 드러나게 하는 것이다.

청지기는 수업을 받아야 선하게 일할 수 있다. 청지기 수업은 어렵지 않지만, 진지하게 이수해야 하는 필수 과정이다. 이 책은 이미 청지기로 서 있거나, 서고자 하는 그리스도인들을 위해 성경의 가르침을 소개하는 책이다. 구체적인 실천보다는 말씀의 원리에 중점을 두었다.

멋진 주인을 만나서, 그 주인의 뜻이 나의 뜻이 되어 그분 뜻을 이루려고 하는 인생은 행복하다. 그래서 선한 청지기는 항상 행복하다.

2018년 2월
한규삼

Part 1

대단한 주인에게
청지기가 있다

1

청지기, 두 주인을
섬길 수 없다

집 하인이 두 주인을 섬길 수 없나니 혹 이를 미워하고 저를 사랑하거나 혹 이를 중히 여기
고 저를 경히 여길 것임이니라 너희는 하나님과 재물을 겸하여 섬길 수 없느니라
_눅 16:13

─── 이 땅을 모범적으로 사는 모습

청지기는 현재를 살아가는 사람들에게 낯선 단어입니다. 교회 문화에 익숙하지 않은 사람들은 이 단어를 거의 사용하지 않습니다. 영어로 직역하면 'steward'인데 이 또한 현재 영어권에서는 흔히 사용하는 단어가 아닙니다. 청지기를 쉬운 영어로 바꾸어 보면 매니저(manager)이며, 이는 주인의 것을 관리하는 사람을 의미합니다.

신약성경은 청지기로서의 삶을 하나님 나라에 속한 백성들이 이 땅을 모범적으로 살아가는 모습으로 제시합니다. 예수님의 제자로 이 땅을 산다는 것은 청지기 정신을 가지고 사는 것입니다. 주인의 일을 하면서, 주인의 뜻을 이루며 살다가, 주인이 마지막 셈을 할 때 주인으로부터 칭찬과 상을 받는 지혜 있고 진실한 인생을 말합니다.

청지기 정신은 하나님 나라와 깊은 관련이 있습니다. 신약성경은 하나님 나라에 대해 선포할 때 두 가지 측면이 함께 있음을 명백히 합니다. 두 가지 측면이란, 하나님 나라가 이미 성도와 세상 가운데 이루어졌다는 측면과 아직 완성되지 않은 측면을 말합니다. 성도는 이미 하나님 나라의 맛을 보아서 그 풍성함을 알고 있습니다. 그래서 성도는 하나님 나라에 속해 있습니다. 그러나 아직 하나님 나라의 가장 멋진 부분에는 이르지 못했습니다. 우리는 이 세상이라는 나라에 살아야 하는 피할 수 없는 환경에 처해 있습니다. 이 땅은 이미 이루어진 하나님 나라와 육신에 속한 세상 나라가 공존하는 공간입니다. 그래서 우리는 하나님 나라가 완성되어 이 세상 나라의 통치가 없어질 그날을 소망하며 살고 있습니다.

하나님 나라의 완성은 다음 두 가지 모습으로 이루어집니다. 하나는 내가 육신의 옷을 벗을 때입니다. 또 다른 하나는 예수님이 재림하셔서 이 땅에 새 하늘과 새 땅을 이루실 때입니다. 둘 중 어떤 때가 먼저 올지 모릅니다. 그러나 그때는 반드시 옵니다.

청지기는 이미 이루어진 하나님 나라에서 아직 완성되지 않은 하나님 나라를 기대하면서, 하나님 나라와 이 세상의 가치가 공존하는 시간을 살아가는 예수님의 제자를 가리키는 용어입니다. 예수님의 제자는 하나님 나라의 백성으로서 이 땅에서 청지기 정신에 투철한 삶을 살아야 합니다. 따라서 청지기 신학은 성경의 중심에 있다고 볼 수 있습니다.

저는 32년이 넘는 미국 이민자 생활을 정리하고 우리나라로 영구 귀국을 하였습니다. 역이민을 온 것입니다. 지금도 예전에 살던 대한민국이 아닌 새로워진 나라에 계속 적응을 하고 있습니다. 저와 비슷한 여건에 있던 어떤 목사님이 조언해 주었는데, 외국에서 1년을 살면 대한민국에 다시 적응하는 데 1개월이 걸린다고 했습니다. 만약 이 분의 말씀이 옳다면, 저는 앞으로 2년 6개월을 더 적응해야 합니다. 아주 오랜 시간으로 느껴집니다.

어찌 보면 그리스도인은 이 땅에서 적응하며 사는 사람들이라고 할 수 있습니다. 왜냐하면 이 땅은 우리가 영주할 곳이 아니며, 다만 이 땅에서 완성될 하나님 나라를 향하여 순례하는 곳이기 때문입니다. 우리는 이 땅에 있는 동안 이 세상의 문화를 조금씩 멀리하고 하나님 나라의 문화에 조금 더 친숙해지는 적응의 과정을 겪어 가야 합니다. 이 적응 기간 동안 때로 정체성에 혼동을 일으키고, 영적으로는 발전이 아닌 후퇴도 경험하게 됩니다. 한 문화에서 다른 문화로 옮기는 과정은 쉬운 일이 아닌 것 같습니다.

─── 우리에겐 선택권이 없다

한국에서 대학을 마치고 미국 미시간주에 위치한 신학대학원을 다닐 때의 일입니다. 방학을 이용해 부모님이 계신 LA 집에 가면 어머니는 뭐라도 더 챙겨 주고 싶어서 마음을 쓰셨습니다. 하루는 식당에 데려가 먹고 싶은 것을 주문하라고 하기에 선택권이 저에게 있는 줄 알고 메뉴를 선택했습니다. 그러자 어머니는 불편한 표정을 지으며 그것 말고 좀 더 좋은 것을 시키라고 했습니다. 그날 결국 어머니가 사 주고 싶은 것을 먹게 되었습니다. 겉으로는 제게 선택권이 있는 것 같았지만, 실제로는 선택권이 전혀 없었습니다.

누가복음 16장 13절의 의미도 이와 같습니다.

집 하인이 두 주인을 섬길 수 없나니 혹 이를 미워하고 저를 사랑하거나 혹 이를 중히 여기고 저를 경히 여길 것임이니라 너희는 하나님과 재물을 겸하여 섬길 수 없느니라

우리가 하나님과 맘몬(재물) 중 하나를 선택할 수 있을 것 같지만, 실제로는 선택권이 없습니다. 엄격한 의미에서 우리는 하나님과 맘몬(재물) 사이에서 하나를 선택할 권한이 전혀 없는 것입니다.

애초에 맘몬(재물)은 섬김의 대상이 될 수 없습니다. 왜냐하면 인격과 생명이 있어야 섬김의 대상이 될 수 있는데, 맘몬(재물)은 단지 '부요하고 싶은 욕구나 탐심'이기 때문입니다. 만약 우리가 맘몬을 섬긴다면 이는 우상숭배일 뿐입니다.

그런데 여기에 참 미묘한 것이 있습니다. 맘몬에게는 생명이나 인격이 없는데도 나름대로 법칙 같은 것이 있어 보인다는 것입니다. 그래서 이를 따르는 사람과 조직은 그 법에 의해서 통치를 받습니다. 이 통치력은 아주 무섭습니다.

맘몬은 우리가 섬겨야 할 대상이 아닌데도, 우리가 맘몬의 법칙을 따르도록 속입니다. 그리고 우리의 정욕이 이 맘몬의 법칙을 따르도록 만듭니다. 결국 맘몬이 나를 통치하는 것이 아니라 오히려 우리가 스스로 맘몬의 법칙을 따르기를 원하게 되고 그럼으로써 스스로 맘몬의 지배를 받습니다. 이것의 결국은 반드시 헛되다는 것입니다.

말씀에서 예수님이 지적하고 싶으신 것은 우리 안에 있는 하나

님과 재물을 겸하여 섬기려는 태도입니다. 말로는 섬긴다고 하지만 사실은 둘 모두를 취하고 싶은 것입니다. 이 마음의 바탕에는 내가 둘 모두를 통제하고 싶은 욕구가 있습니다. 둘 모두를 주인으로 섬기는 척하면서 실제로는 내가 주도권을 잡고 싶은 것입니다.

이렇게 우리는 두 마음에 익숙합니다. 야고보서 기자의 지적처럼 우리는 두 마음을 품어 정함이 없고 요동하는 물결과 같습니다. 그래서 하나님과 연결되어 있지 않고 많은 시간을 영적으로 표류하게 됩니다(약 1:6-8). 이것을 하면 저것이 생각나고, 저것을 택하면 이것이 더 나아 보이는 경우가 적지 않습니다. 그래서 종종 자신의 선택을 후회합니다.

─── 우리는 교묘하게 두 주인을 섬기고 있다

뿐만 아니라 우리는 주인에게 철저하게 의존해야 하는 청지기 법칙을 지키는 것이 어렵습니다. 이것이 청지기 정신의 핵심 원리라는 것을 알면서도 실천하기가 무척 어렵습니다. 이 상황을 다른 각도에서 살펴보면 우리의 문제는 하나님을 완전히 떠난 것이 아니라, 하나님과 세상에 양다리를 걸치는 데 있음을 발견할 수 있습니다. 하나님도 의지하고 세상도 의지하며 자기 자신까지 의지하는 것입니다.

하나님만 의지하기에는 뭔가 불안하기 때문입니다. 하나님께서 내가 원하는 방식으로 돕지 않으실 것 같은 불안으로 가득합니다. 그래서 하나님이 돕지 않을 때 나를 도울 또 다른 장치를 마련해 두고 싶습니다.

이와 비슷한 상황이 또 있습니다. 하나님의 영광을 나의 영광으로 몽땅 가로채는 경우는 거의 없습니다. 하지만 하나님이 받으실 영광의 일부를 '편취'하는 데는 익숙합니다. 하나님도 높아지고, 나도 높아지는 것입니다.

누가복음 16장 13절 말씀은 우리가 하나님과 재물을 겸하여 섬기려는 것을 경계합니다. 그러나 우리는 아주 교묘하게 하나님과 재물을 겸하여 섬기고 있습니다. 하나님의 일을 하려면 재물이 필요합니다. 그래서 일에 몰두하다 보면 재물의 영향을 받게 되고 재물을 따라 일하며 결국 재물을 의존하게 됩니다. 재물이 많은 사람을 우대하고, 그들의 입장을 지나치게 존중하기도 합니다.

그런 우리에게 예수님은 하나님을 섬기는 길밖에 없다고 선언하십니다. 하나님을 섬길 때 재물은 제자리로 내려와서 하나님을 섬기는 도구가 됩니다. 우리가 하나님만을 온전히 섬길 때 피조 세계의 참된 질서를 경험할 수 있습니다.

집 하인이 두 주인을 섬길 수 없나니 혹 이를 미워하고 저를 사랑하거나 혹 이를 중히 여기고 저를 경히 여길 것임이니라 너희는 하나님과 재물을 겸하여 섬길 수 없느니라 눅 16:13

말씀에서 주어는 '집 하인'입니다. 헬라어로 '오이께떼스'이며 하나의 단어입니다. '오이께떼스'는 신분이 종이고 임무는 집안일을 돌보는 청지기를 가리키는 단어입니다.

'섬긴다'는 의미는 요즘 '돕는다'(aid) '정중하게 대한다' 혹은 '서비스를 제공한다'는 의미를 포함하지만, 전통적으로는 종이 상전을 대하는 방식을 의미했습니다. 성경 원문에서 섬긴다는 의미는 몇 가지 단어로 표현될 수 있는데, 비교적 흔한 용례는 '디아코니아'입니다. 여기서는 특이하게도 '종이 되다'라는 뜻의 '둘레오'가 사용되고 있습니다. 따라서 우리가 하나님을 섬기면 그분의 종이 되는 것입니다.

신약성경에서 '섬기다'는 보통 '디아꼬네오'로 표현합니다. 예를 들어, "각각 은사를 받은 대로 하나님의 여러 가지 은혜를 맡은 선한 청지기같이 서로 봉사하라(디아꼬네오) 만일 누가 말하려면 하나님의 말씀을 하는 것같이 하고 누가 봉사하려면(디아꼬네오) 하나님이 공급하시는 힘으로 하는 것같이 하라 이는 범사에 예수 그리스도로 말미암아 하나님이 영광을 받으시게 하려 함이니 그에게 영광과 권능이 세세에 무궁하도록 있느니라 아멘"(벧전 4:10-11)에 나오는 청지기를 의미합니다.

섬기는 것이 종이 되는 것이라면, 이는 상당히 무거운 도전입니다. 우리는 일시적인 감정에 복받쳐 함부로 섬기겠다고 결단해서는 안 됩니다. 그러나 우리가 하나님의 종이 되는 것을 기쁘게 받아들일 수 있다면, 이는 성숙한 신앙의 확고한 지표가 됩니다. 하나님을 진실로 섬긴 사람들은 하나님의 종이 되는 것이 즐겁기만 합니다. 사도 바울이 그랬습니다.

> 형제들아 너희가 자유를 위하여 부르심을 입었으나 그러나 그 자유로 육체의 기회를 삼지 말고 오직 사랑으로 서로 종노릇 하라 갈 5:13

바울은 그가 누린 자유를 가지고 하나님의 종이 되기를 자처했으며, 그 안에서 진정한 행복을 찾았습니다. 진정한 자유는 그 자유로 예수님의 종이 될 때 맛보게 됩니다.

요즘 서점에서 해외여행 가이드북을 모아 놓은 코너에 가면, 어떤 도시를 '100배 즐기기'라는 제목의 책이 눈길을 끕니다. 이 제목에는 같은 도시를 여행해도 그 방법에 따라 100배 더 즐길 수 있다는 주장이 담겨 있습니다. 우리의 경험을 반추해 보면 충분히 공감이 되는 주장입니다.

우리 인생도 어떻게 사느냐에 따라서 100배 이상 더 즐길 수 있습니다. 그리스도인의 삶은 하나님을 즐기는 삶입니다. 하나님을 즐기려면, 하나님을 섬겨야 합니다. 그것도 종이 되어서 섬겨야 합니다. 그리스도인은 더 선한 종이 될수록 더 행복해집니다.

> 너희는 하나님과 재물을 겸하여 섬길 수 없느니라 눅 16:13하

이 말씀은 우리가 하나님 이외에 재물까지 '겸하여' 섬기려는 것을 엄중히 경고합니다. 하나님은 하나님 이외에 다른 것을 주인으로 여기는 것을 싫어하시기 때문입니다. 오로지 하나님만 섬기기 위해서는 하나님과 경쟁 관계에 있으려고 하는 것을 의도적으로 '경히 여겨야 한다'고 가르칩니다(눅 16: 13중). 뿐만 아니라 무엇인가가 하나님과 경쟁 관계에 있으려고 하는 현상까지도 '미워하고' 또 거부해야 한다고 가르칩니다(눅 16:13상). 이는 우리가 재물을 늘 미워하고 하찮게 여겨야 한다는 뜻이 아니고, 재물이 하나님과 경쟁 관계에 서려고 할 때 반드시 경계해야 한다는 의미입니다.

저는 대학 졸업 후 미국 LA로 이민을 갔습니다. 이민 초창기부터 LA에 근거지를 둔 프로 농구팀 레이커스를 응원했습니다. 그런데 제가 이 팀을 진심으로 응원하고 있다는 사실을 깨달은 것은 프로 농구팀인 LA 클리퍼스 때문입니다. 홈 구장이 같은 클리퍼스가 레이커스보다 성적이 좋으면 싫어하는 제 모습을 보고 그것을 깨달았습니다. 내가 어떤 것을 진정으로 섬기면, 그와 경쟁 관계에 있는 것은 싫어할 수밖에 없습니다.

── 작은 것에 충성하는 법

예수님은 이어서 재물(작은 것)에 충성한 사람만이 하나님(큰 것)께도 충성할 수 있다고 가르치십니다.

10 지극히 작은 것에 충성된 자는 큰 것에도 충성되고 지극히 작은 것에 불의한 자는 큰 것에도 불의하니라 11 너희가 만일 불의한 재물에도 충성하지 아니하면 누가 참된 것으로 너희에게 맡기겠느냐 눅 16:10-11

이 역시 하나님과 재물을 겸하여 섬길 수 없다는 가르침의 일부입니다. 유한한 것과 영원한 것이 있다면 당연히 영원한 것을 선택하여 주인 삼고 이를 섬겨야 합니다. 유한한 것을 도구 삼아 영원한 것을 섬겨야 합니다. 즉 재물은 하나님을 섬기는 도구로 사용해야 하는 것입니다. 우리는 재물을 무조건 미워하거나 경히 여길 것이 아니라, 재물 사용(작은 것)에 충성해야 합니다. 그렇게 함으로써 하나님(큰 것)을 섬길 수 있습니다.

유한한 것인데 중요한 것들이 있습니다. 시간, 건강, 직위/커리어, 지식/재능, 돈 등입니다. 이렇게 유한하지만 중요한 것들은 그 자체가 우리의 목적이 될 수 있는 위험도 가지고 있습니다. 하나님의 길은 이런 것들은 영원한 것을 얻는 데 사용되어야 하는 수단임을 가르쳐 줍니다. 우리는 이런 수단들의 청지기가 됨으로써 작은 것에 충성하는 법을 배워야 합니다. 그래야 영원한 것을 잘 관리하며, 영원하신 분께 속할 수 있습니다.

얼마 전 저는 어떤 지성인으로부터 미묘한 질문을 받았습니다. 그는 "이 세상에 사람이 없었다면 신이 존재했을까요? 저는 사람이 존재하지 않는다면 신도 존재할 수 없다고 생각합니다"라고 말했습니다. 질문자가 이 말을 한 의도는, 신은 사람이 만든 작품이라고 주장하는 것이 아닙니다. 신과 사람이 서로 공존할 수밖에 없으며, 처음부터 세상의 구조는 둘이 서로 의존하는 관계로 시작되었다는 주장 같습니다. 그리고 이 견해는 인간이 얼마나 존엄한 존재인가에 근거한 것 같습니다.

제 생각에도 인간은 충분히 존엄합니다. 그런데 이처럼 인간의 존엄성을 지나치게 강조하다 보면, 하나님을 인간과 같은 수준으로 끌어내려서 서로 의존적인 관계로 만들어 버립니다. 이것을 경계한 것이 십계명의 제2계명입니다. 십계명 중 첫 번째 계명은 하나님과 동등한 수준의 다른 신을 인정하지 말라는 것입니다. 어떤 피조물이나 우상을 하나님의 위치에 올리는 것을 엄금하고 있습니다. 두 번째 계명은 하나님을 인간의 수준으로 끌어내리지 말라는 것입니다. 인간이 존엄해도 하나님과 인간 사이에는 넘을 수 없는 차이가 있습니다. 우리는 스스로 하나님과 같은 위치에 올라가려는 시도를 거의 하지 않습니다. 하지만 하나님을 우리 수준으로 끌어내리려는 생각과 행위는 꽤 자주 합니다.

그 질문에 대한 저의 대답은 분명했습니다. 하나님은 인간이 없어도 당연히 존재합니다. 성경은 태초에 하나님이 세상을 창조하셨다고 선언합니다(창 1:1). 또 하나님은 스스로 존재하시는 분이라고 정의됩니다(출 3:14). 그래서 인간은 하나님께 의존할 수밖에 없습니다. 우리의 시작이 하나님께 의존되어 있고, 우리의 삶이 하나님께 의존되어 있으며, 우리의 육체적인 생명이 끝났을 때 이후의 시간이 하나님께 의존되어 있습니다. 그래서 우리는 자기 자신과 하나님을 동시에 섬길 수 없습니다. 하나님은 나의 존재와 결정 그리고 나의 생각에 의해서 제한 받지 않는 유일하고 무한하신 하나님임을 지, 정, 의의 모든 영역에서 철저하게 인정해야 하고 또 그렇게 살아가야 합니다.

우리는 하나님의 절대 주권을 인정해야 합니다. 모든 것을 그 아래, 그 발아래 두어야 합니다. 하나님과 경쟁하는 것이 있을 수 없습니다. 누가복음 16장 13절은 그것을 '미워하고' '경히 여기며'로 표현하고 있습니다.

하나님만 섬기는 것은 하나님을 즐기는 지혜로운 방법입니다. 우리가 하나님을 즐길 때 그 아래 둔 모든 것들도 창조의 조화와 질서에 맞게 즐길 수 있습니다. 우리는 이런 대상들과 잘 어우러지면서도 그것들에 의해서 지배 받지 않고, 하나님의 통치를 이루는 통로가 될 수 있습니다. 이런 사람들을 '행복한 청지기'라고 부릅니다. 행복한 청지기는 하나님만을 섬기고 즐기므로 세상을 멋지게 사는 법을 아는 사람입니다.

생각 나누기

1. 시상식에서 하나님을 높이는 사람들을 볼 때 어떤 생각이 듭니까? 혹시 나에게 하나님도 높아지고 나도 높아지려는 모습이 있다면 어떤 것일까요?

2. 지금 내가 하고 있는 일 중에 가장 우선순위에 있는 일은 무엇입니까? 그 일은 하나님을 위한 일인가요 아니면 나 자신을 위한 일인가요? 혹시 하나님과 그 일을 겸하여 섬기고 있다는 생각이 들지는 않습니까?

3. 내가 하고 있는 일의 중요성을 강조하다가 하나님을 그 일과 같은 수준으로 끌어내린 적은 없는지 생각해 봅시다. 그리고 하나님만을 섬기는 행복한 청지기가 되기 위하여 지금 내가 해야 할 일은 무엇인가요?

2

청지기 정신의
세 기둥

주께서 이르시되 지혜 있고 진실한 청지기가 되어 주인에게 그 집 종들을 맡아 때를 따라
양식을 나누어 줄 자가 누구냐
_눅 12:42

—— 대단한 주인이 청지기를 고용한다

청지기 신학은 예수님의 제자로 사는 우리 모두에게 아주 중요합니다. 그런데 개역개정 성경에서 청지기를 검색해 보면 그다지 많지 않아서 의아합니다. 그 이유는 청지기를 의미하는 헬라어가 다양하기 때문에 번역도 여러 가지 단어로 했기 때문입니다.

청지기의 원래 신분은 종입니다. 하지만 모든 종이 다 청지기는 아닙니다. 수많은 종들 중에서 주인은 자신의 일을 맡길 인물을 선택해서 청지기로 세웁니다. 어떤 경우에는 종이 아닌 자유인을 청지기로 세우기도 합니다. 성경에 등장하는 종의 이야기 중에는 실제로 노예가 아닌 자유인인 청지기가 종종 있습니다. 또 제자에 관한 가르침도 청지기 정신을 보여 줄 때가 많습니다. 예수님을 믿고 따르는 성도라면 모두가 예수님의 제자입니다. 왜냐하면 제자란 그들이 따르는 스승처럼 되려고 스승의 삶을 본받아 사는 사람들이기 때문입니다. 경우에 따라서는 '집주인'이란 단어도 실제로는 청지기를 의미할 때가 있습니다. 더 큰 주인이 있기 때문입니다.

예수께서 이르시되 그러므로 천국의 제자된 서기관마다 마치

새것과 옛것을 그 곳간에서 내오는 집주인과 같으니라 마 13:52

성경에서 청지기를 언급할 때 예외 없이 등장하는 인물이 있는데 바로 주인입니다. 주인이 없으면, 청지기는 존재할 수 없습니다. 주인은 청지기의 존재 조건입니다. 성경에 나타나는 주인들은 모두 대단한 인물입니다. 당시 대단한 인물들은 예외 없이 자신의 일을 대신하여 수행하는 청지기가 있었습니다. 대단한 인물 밑에 있는 청지기는 특권을 가지고 임무를 수행했습니다.

성경이 우리를 청지기라 부르며 그 직분을 중요시하는 이유는 우리의 주인이 대단한 분이기 때문입니다. 우리의 주인이신 하나님은 온 세상의 주인입니다. 온 세상의 창조주이시며, 공의로 다스리시는 유일한 분입니다.

이 땅에는 그분의 뜻을 받들고 시행하여서 이루는 사람들이 있어야 합니다. 하나님은 이 땅에서 당신의 일을 할 때 사람을 필요로 하십니다. 하나님은 사람을 통해 구원과 관련된 일을 하시기 때문입니다. (반대로 징벌을 할 때는 자연을 사용하시기도 합니다.) 하나님은 당신의 사람을 필요로 하십니다. 하나님과 심정이 통하는 사람을 필요로 하십니다. 하나님께서는 당신의 뜻을 받들고, 온 마음으로 그 뜻만을 시행하며, 그 뜻을 이루는 일을 삶의 목적으로 사는 사람들을 필요로 하십니다. 이들이 바로 선한 청지기입니다.

___ 선한 청지기 vs. 불의한 청지기

우리는 선한 청지기와 불의한 청지기가 누구인지 잘 이해해야 합니다. 누가복음 12장 42절에는 선한 청지기를 수식하는 표현이 나옵니다. 즉 '지혜 있고 진실한'입니다.

> 주께서 이르시되 지혜 있고 진실한 청지기가 되어 주인에게 그 집 종들을 맡아 때를 따라 양식을 나누어 줄 자가 누구냐

이 말씀을 헬라어 원문으로 읽으면 개역개정과 다소 달라집니다. 원문을 번역하면 다음과 같습니다.

> 누가 신실한 청지기이겠는가. 그는 사려 깊은 자로 주인은 자신의 양식을 위해 그를 세워서 때를 따라 까따-분배를 의미하는 전치사 나누어 주기 위함이다.

개역개정에서 '지혜 있고'는 헬라어로 '프로니모스'인데 이는 사려 깊음을 의미합니다. 사려 깊은 청지기는 상황을 입체적으로 이해하고 있으며 유연하게 섬기기 위해 준비되어 있습니다. 그는 늘 깨어 있습니다. 제가 누가복음 12장 42절에 대하여 저의 원문 번역을 제시한 이유는 헬라어 원문에는 주인 자신이 청지기를 세웠음을 분명히 하기 때문입니다.

그리고 그 이유도 밝히고 있습니다. 주인은 자신의 '일'(테라뻬이아)을 위하여 청지기를 세웠습니다. 주인은 자신에게 중요한 것을 맡길 만한 인물을 선별하여 세웠습니다. 이 중요한 일은 다른 종들에게 때를 따라 양식을 나누어 주는 일입니다. 그 일은 양식을 정확하게 재어서 정확한 시간에 어김없이 나누어 주는 것을 의미합니다. 이 표현 속에서 주인은 공의로운 인물임을 알 수 있습니다. 공의로운 주인은 반드시 일한 것에 대하여 셈을 합니다.

음식을 정확한 분량으로 측정하고 나누어 주는 것은 청지기의 임무이면서 동시에 주인의 뜻입니다. 선하고 공의로운 주인이 그 성품대로 양식을 나누어 주기 위해 청지기를 세운 것입니다. 또 '때를 따라'는 적절한 시기에 반복적으로, 골고루 빠짐없이 나누는 모습을 표현합니다. 헬라어 '까따'는 문법적으로 분배(distributive)할 때 쓰이는 전치사입니다.

> 43 주인이 이를 때에 그 종이 그렇게 하는 것을 보면 그 종은 복이 있으리로다 44 내가 참으로 너희에게 이르노니 주인이 그 모든 소유를 그에게 맡기리라 눅 12:43-44

위의 말씀에서 선한 청지기가 받을 복을 소개하고 있습니다. 그 복은 주인이 청지기에게 모든 소유를 맡기는 것입니다. 이어서 불의한 청지기에 대해서 상세히 설명합니다.

만일 그 종이 마음에 생각하기를 주인이 더디 오리라 하여 남녀
종들을 때리며 먹고 마시고 취하게 되면 눅 12:45

그는 자신의 임무에 태만하고(더디 오리라), 권한을 남용하는 교만
에 빠져 있으며(때리고), 먹고 마시고 취하는 방만의 태도에 익숙합니
다. 마지막으로 불의한 청지기가 받을 심판과 벌을 기록합니다.

46 생각하지 않은 날 알지 못하는 시각에 그 종의 주인이 이르러
엄히 때리고 신실하지 아니한 자의 받는 벌에 처하리니 47 주인
의 뜻을 알고도 준비하지 아니하고 그 뜻대로 행하지 아니한 종
은 많이 맞을 것이요 48 알지 못하고 맞을 일을 행한 종은 적게
맞으리라 무릇 많이 받은 자에게는 많이 요구할 것이요 많이 맡
은 자에게는 많이 달라 할 것이니라 눅 12:46-48

이 마지막 부분이 꽤 길다는 것이 흥미롭습니다. 여기서 눈여겨
볼 것은 46절에 나오는 '신실하지 아니한 자가 받을 벌'입니다. 말씀
은 불의한 청지기가 받을 벌에 관하여 특별한 표현을 제시함으로써
주인은 불의한 청지기를 이미 정해진 규정에 따라 벌하고 있음을 보
여 줍니다.

____ 청지기 정신의 세 가지 기둥

하나님 나라의 백성인 예수님의 제자들은 하나님의 통치와 세상의 압도적인 가치가 공존하는 세상을 살아가는 동안 선한 청지기가 되기 위해 반드시 청지기 정신을 익혀야 합니다. 이 청지기 정신에는 세상에 함몰되지 않고 든든히 버틸 수 있는 세 가지 기둥이 있습니다.

이 세 가지 기둥은 신약성경에 나오는 청지기와 관련된 모든 구절을 종합적으로 연구하면 쉽게 얻을 수 있습니다. 하지만 모든 구절에 이 세 가지 기둥이 다 나타나지는 않습니다. 이 세 가지 기둥을 짧게 요약하면 주인의 것, 주인의 뜻, 주인의 셈입니다. 이제 세 가지 기둥을 말씀을 근거로 좀 더 자세히 살펴보겠습니다.

청지기 정신 1, 주인의 것:
내 것은 없고 모두 주인의 것이다

청지기는 주인의 것을 관리하는 사람입니다. 여기서 중요한 것은 주인의 것을 관리할 뿐 아니라, 자신의 것은 하나도 없다는 사실입니다. 자신의 것은 하나도 없으며 전적으로 주인에게 속한 사람입니다. 청지기의 사회적 신분은 대부분 주인의 종(slave)입니다. 선한 청지기는 이렇게 철저히 주인의 사람입니다.

우리가 구원을 받고 이미 이루어진 하나님 나라에 속한 백성이 되면 예수님을 우리의 주인으로 고백하게 됩니다. 우리 인생의 주인은 더 이상 내가 아님을 선포하는 것입니다. 성경은 이런 고백이 자신의 이해와 결단만으로 되는 것이 아니라, 성령의 조명하심으로 가능하다고 말합니다.

> 성령으로 아니하고는 누구든지 예수를 주시라 할 수 없느니라
>
> 고전 12:3하

예수님이 우리의 주인임을 고백하는 것은 성령이 함께하지 않으면 불가능한 일입니다. 이처럼 우리가 받은 구원과 신앙의 고백은 참으로 긴밀하게 연결되어 있습니다. 따라서 우리가 받은 구원을 확인하는 길은 예수님을 '구주'(Savior)와 '주님'(Lord)으로 고백하느냐에 있습니다.

> 그런즉 이스라엘 온 집은 확실히 알지니 너희가 십자가에 못 박은 이 예수를 하나님이 주와 그리스도가 되게 하셨느니라 하니라 행 2:36

예수님이 나의 주님이라고 고백하는 것에는 신학적으로 두 가지 중요한 의미가 담겨 있습니다. 첫째는 예수님은 부활하고 승천하셔서 하늘 보좌 우편에서 세상을 통치하는 분이라는 의미입니다. 이를 통해 하나님 나라는 이루어지며 완성을 향해 전진하고 있습니다. 둘째는 예수님이 내 인생의 주인이라는 의미입니다. 이를 통해 우리는

예수님의 청지기임을 인정하게 됩니다.

이 두 가지 의미를 종합할 때, 하나님 나라와 청지기 정신은 뗄 수 없는 관계에 있음을 알게 됩니다. 그러므로 우리가 이 땅을 사는 동안 우리 것이라고 착각하는 것들은 실제로 주인의 것이지 내 것이 아님을 쉽게 인정할 수 있습니다. 가령 물질, 재능, 힘, 직위, 시간, 자녀 등이 그것입니다. 아직 완성되지 않은 하나님 나라에 가지고 갈 수 없는 것은 내 것이라고 할 수 없습니다. 이 땅에 있는 동안(이미 이루어진 하나님 나라에서 세상과 공존하면서 사는 동안) 이런 것들은 모두 주인이 주인의 일을 위하여 우리에게 맡겨 두신 것입니다. 청지기가 마땅히 성실하게 관리해야 하는 대상입니다.

청지기 정신 2, 주인의 뜻: 주인의 뜻을 귀히 여기며 주인의 일을 한다

청지기는 주인의 것을 관리하기 때문에 주인의 뜻을 잘 알아야 합니다. 누가복음 12장 42절은 성경에 기록된 청지기 정신을 이해하는 데 필수적인 구절입니다. 하지만 이 구절에 대한 개역개정 번역이 원문의 강조점을 충분히 살리지 못하였음을 이미 언급하였습니다. 원문의 의미를 세심하게 살려 보면, 청지기는 주인이 자신의 일을 위하여 주인이 세운 인물입니다.

우리가 소유하고 있는 것처럼 생각되는 것들은 실제로는 나에게 소유권이 있는 것이 아니라 관리권만 있습니다. 따라서 청지기는 이를 어떻게 관리해야 하는지에 정통해야 합니다. 선한 청지기는 주인의 뜻이 무엇이며, 주인의 일은 무엇을 위한 것이며, 어떻게 해야 하는지를 알고 있어야 합니다. 만약 청지기가 주인의 뜻과 주인의 일에 정통하게 되면, 이들은 선한 청지기로 확인됩니다.

누가복음 12장 42절에는 '주인의 일'이란 표현이 나옵니다. 여기서 '일'은 헬라어로 '테라뻬이아'입니다. 우리는 이 단어에 대하여 세밀한 이해를 하고 있어야 합니다. 주인의 일이 무엇인지 구체적으로 나타난 예가 많지 않기 때문입니다. 이 단어의 사전적인 의미는 세 가지로 요약됩니다.

1) '일'(테라뻬이아)은 영어로 service 혹은 treatment로 번역되는데, 주인의 관심이 종들을 부리고 착취하는 것이 아니라 종들에게 일한 만큼 정당하게 대우해 주는 것임을 보여 줍니다.

2) 나아가 '테라뻬이아'는 치유의 의미가 내포되어 있습니다(영어의 테라피를 생각하면 됩니다). 주인의 일은 종들의 노동력을 착취하는 것이 아니라 종들과의 관계에 집중되어 있습니다. 주인은 이를 통해 종들의 삶과 세상을 치유하는 근본적인 섬김을 하고 있는 것입니다.

3) '테라뻬이아'는 더 깊게 살펴보면, 치유 자체보다는 치유를 일으키는 사려 깊은 주의력을 의미합니다. 영어로는 attentive(주의 깊은)입니다. 이는 환자를 돌보기 위해 주의 집중하는 의료진의 마땅한 자세일 뿐 아니라, 주인의 일을 성실하게 감당하는 청지기의 기본자세입니다.

선한 청지기는 주인의 뜻을 귀히 여기며, 주인의 일에 집중하는 것에 기쁨을 느끼는 사람입니다. 그래서 주인도 그를 귀히 여깁니다.

> 나를 존중히 여기는 자를 내가 존중히 여기고 나를 멸시하는 자를 내가 경멸하리라 삼상 2:30하

사실 주인은 이런 청지기를 필요로 합니다. 주인은 청지기를 보면서 흐뭇하고 든든합니다. 우주의 주인이신 삼위 하나님이 당신의 구속 사역을 위해서 그 뜻을 귀하게 받들며 그분의 일하기를 열망하고 또 이를 위해 전심으로 준비하는 청지기를 얼마나 사랑하실까요?

저는 성경에 나오는 선한 청지기라는 말을 들을 때마다 흐뭇합니다. 그 이유는 이들에게는 주인(예수님)을 정말로 사랑하고 존경하며 따르는 순수한 열정이 느껴지기 때문입니다. 주변 사람들은 이들에게서 주인의 모습을 발견하게 됩니다. 예수님의 청지기는 선한 목자이신 예수님의 뜻을 지극 정성으로 받들며 주인의 일을 하는 동안 자연스럽게 예수를 닮아서 작은 예수라는 말을 듣게 됩니다.

선한 청지기는 주인의 공의를 실행하는 사람입니다. 주인의 뜻은 공평합니다. 청지기는 때를 따라 정확하게 계량된 양의 양식을, 더도 아니고 덜도 아니고 제공하는 선한 일을 합니다. 내가 주인이라면 그런 사람에게 나의 것을 다 맡기고 싶을 것입니다.

청지기 정신 3. 주인의 셈:
반드시 상과 벌이 있다

주인은 어김없이 청지기의 직무에 대해 반드시 셈을 할 것입니다. 선한 청지기는 그에 마땅한 상을 받을 것이고, 불의한 청지기는 벌을 받게 될 것입니다. 여기서 선한 청지기와 불의한 청지기가 나뉩니다. 선한 청지기는 주인이 셈할 때를 기다릴 것이고, 불의한 청지기는 반대로 셈할 때를 피하고 싶을 것입니다. 심지어 어떤 불의한 청지기는 주인이 집을 떠나 있는 동안 그를 제거하려는 음모를 꾸미기도 합니다(눅 19:12-27).

앞에서 살펴본 것처럼 말씀은 주인이 청지기를 셈하는 장면을 비교적 상세하게 설명합니다. 선한 청지기가 받을 상은 주인의 모든 재산을 관리하도록 명을 받는 것입니다.

> 내가 참으로 너희에게 이르노니 주인이 그 모든 소유를 그에게 맡기리라 눅 12:44

반대로 불의한 청지기가 받을 벌은 첫째, 얻어맞는 것이고, 둘째, '신실하지 아니한 자의 벌'을 받는 것입니다.

> 생각하지 않은 날 알지 못하는 시각에 그 종의 주인이 이르러 엄히 때리고 신실하지 아니한 자의 받는 벌에 처하리니 눅 12:46

이것이 무엇일까요? 개역개정은 원문을 의역하면서 그 벌의 내용을 다소 완화시켜서 표현했습니다. 하지만 원문에 의하면, 불의한 청지기는 '둘로 쪼개서, 그를 신실하지 않은 자들이 거하는 장소에 처넣을 것이다'라고 표현되어 있습니다. 물론 '둘로 쪼갠다'를 문자적으로 이해할 수는 없을 것입니다. 왜냐하면 그 순간 죽어 없어지기 때문입니다. 따라서 이 표현은 세상에서 가장 치욕적이며 고통스러운 벌을 받는다로 이해하면 될 것입니다.

구약에서도 이 표현이 나옵니다. 사무엘이 아말렉과의 전투에서 이긴 후 아말렉왕 아각을 처단하는 방식이었습니다.

> 그가 길갈에서 여호와 앞에서 아각을 찍어 쪼개니라 삼상 15:33

당시 아말렉과의 전투는 사울의 지휘 아래 크게 승리하였고, 사무엘은 사울과 이스라엘 백성에게 이 전투에서 어떤 전리품도 취하지 말라고 했습니다. 이는 아말렉에 대한 하나님의 진노였기 때문입니다. 그런데 사울이 아말렉왕 아각을 살려 두고 그의 물건을 전리품으로 취합니다.

흥미로운 것은 사무엘이 아각을 불러냈을 때 아각은 죽음을 면했다는 안도감에 즐거이 나왔다고 한 대목입니다

> 사무엘이 이르되 너희는 아말렉 사람의 왕 아각을 내게로 끌어

오라 하였더니 아각이 즐거이 오며 이르되 진실로 사망의 괴로움이 지났도다 하니라 삼상 15:32

사무엘은 그런 아각을 회중들 앞에서 엄단합니다.

다시 누가복음으로 돌아가서 12장 46절의 헬라어 원문은 불의한 청지기를 '신실하지 않은 자들 가운데에 두겠다'고 합니다. 이 부분이 신실하지 않은 자의 벌을 이해하는 열쇠입니다. 아마도 불의한 자들이 우글거리는 가운데 놔두는 것이 최악의 벌인 것 같습니다. 그곳이 지옥이지 싶습니다.

불의한 청지기는 벌을 받아서, 자기보다 더 불의하고 신의를 헌신짝처럼 저버리는 사람들 속에서 속고 속이면서 극도로 핍절한 삶을 살게 될 것입니다. 그곳에서 이들은 비로소 자신들의 잘못을 후회하게 될 것입니다. 더 불의한 사람의 악랄한 행동만이 불의한 청지기로 하여금 자신의 잘못을 깨우칠 수 있다는 뜻입니다.

하나님은 종종 불의한 사람을 교정하실 때 자신보다 더 불의한 사람 가운데 두어 스스로 깨우치게 하는 방법을 사용하십니다. 야곱이 대표적인 사람이었습니다. 야곱은 외삼촌 라반 밑에서 삶을 교정받았습니다. 야곱은 약삭빠른 사람이었습니다. 그런데 하나님은 그를 자신보다 더 약삭빠른 외삼촌을 피할 수 없게 만들어서 야곱의 약삭빠름을 신실함으로 바꾸는 작업을 하셨습니다. 하지만 본문의 불의한 청지기들의 후회가 야곱처럼 돌이킬 수 있는 기회를 얻게 할는지, 아니면 영원히 후회만 하게 될는지는 명확히 드러나지 않습니다. 아마도 후자가 바른 이해일 것 같습니다.

불의한 청지기는 배신자입니다. 주인이 신뢰하고 맡긴 것에 대해서 불성실하게 이행하고 주인의 뜻을 헤아리지 않으며, 주인의 뜻에 반하여 마치 맡긴 것을 자신의 것처럼 사용한 사람입니다. 주인은 종을 신뢰한 만큼 그 책임을 엄히 물으실 것입니다.

그러므로 우리는 마땅히 선한 청지기로 살아야 합니다. 이것은 선택의 문제가 아닙니다. 청지기는 근본적으로 그 신분이 '종'입니다. 동시에 선한 청지기는 주인의 모든 것을 결국 유산으로 물려받는 자녀의 축복을 받게 될 것입니다.

생각 나누기

1. 우리는 하나님 나라에 속한 자들로 청지기 정신을 가지고 이 땅을 살아가는 사람들입니다. 지금 내가 청지기로서 하나님 나라 안에서 영원의 관점으로 영원하지 않은 것을 관리하는 것이 있다면 그것은 무엇입니까?

2. 주인이 선하기 때문에 주인의 뜻을 따라 사는 청지기도 선합니다. 우리의 주인이신 하나님은 어떤 분인지 나누어 보세요.

3. 예수님을 주인으로 고백하는 사람은 지금 나에게 있는 모든 것이 하나님의 것임을 인정하는 사람입니다. 예수님의 주되심을 고백하면서도 여전히 내 것이라고 주장하는 것들이 있다면 그것은 무엇입니까? 그것에 대한 주인의 뜻을 생각해 보고 주인의 뜻에 따라 관리하는 방법을 나누어 보세요.

4. 주인이 셈을 할 때, 불의한 청지기에게 주는 벌이 상세하게 나와 있습니다. 주인이 주는 벌의 의미를 생각해 보고 그 의미를 나누어 보세요.

3

달란트로 본
청지기 정신

그 주인이 이르되 잘하였도다 착하고 충성된 종아 네가 적은 일에 충성하였으매 내가 많은
것을 네게 맡기리니 네 주인의 즐거움에 참여할지어다 하고
_마 25:21

청지기 정신을 달란트 비유로 이야기하고자 합니다. 달란트는 당시 화폐의 단위로, 원래 의미는 재능이란 뜻입니다. 오늘날 TV 연속극의 배우를 일컬어 '탤런트'라고 하는데 '재주 있는 사람'이라는 뜻에서 유래한 말입니다. 사람이 재주가 있으면 자연스레 재물도 얻게 됩니다. 따라서 본 비유는 표면적으로는 돈을 어떻게 쓰느냐의 문제를 다루지만, 그 이면에는 재능을 어떻게 사용하는가를 보여 주고 있습니다.

5달란트와 2달란트를 받은 사람은 각각 자신의 재능을 사용하여 받은 것을 두 배로 늘렸습니다. 반면에 1달란트 받은 사람은 그대로 땅 속에 묻어 두었습니다. 1달란트 받은 사람은 돈을 사용하지 않은 것처럼 보이지만, 실제로는 자신의 재능을 사용하지 않은 것입니다. 아니 자신에게 재능이 있다는 것을 인정하지 않고 혹 있다 하더라도 주인의 기대를 만족시킬 만큼은 아니라고 스스로 판단한 사람입니다.

___ 청지기 정신의 첫 번째 기둥: 주인의 것

청지기 정신의 첫 번째 기둥은 청지기의 소유처럼 보이는 모든 것이 주인의 소유이고 주인이 맡긴 것이라는 사실입니다. 본문은 주인의 이야기로 시작됩니다.

> 어떤 사람이 타국에 갈 때 그 종들을 불러 자기 소유를 맡김과 같으니 마 25:14

주인은 청지기와 관련해서 반드시 등장합니다. 주인은 타국에 가야 했고, 장기간 집을 비워야 해서 종들 중에 몇을 세워 자신의 것을 맡깁니다. 이들의 임무는 주인의 재산 관리였는데, 일일이 지시를 받고 일하는 것이 아니라 주의 뜻대로 주인을 위해서 자신의 창의력을 발휘하여 일하도록 명을 받았습니다.

주인은 언제 돌아올지 알 수 없습니다. 어쩌면 주인은 부재중에 단 한 번도 자신의 재산이 어떻게 관리되는지 점검하지 못할 수도 있습니다. 이런 상황에서 주인은 종을 세워서 청지기로 삼고 그들에게 자기 소유를 맡겼습니다.

청지기로 부름 받은 사람들은 주인의 종들이므로 이 재산이 자신의 것이 아님을 분명히 알고 있습니다. 그럼에도 주인은 아주 오랜 기간 동안 떠나 있을 것이므로 혹시 이 청지기들이 오랜 후에는 자신의 재산을 자기의 것으로 착각하지 않을까 우려했을지도 모릅니다.

그래서 주인은 아마도 누차 자신이 반드시 돌아와서 셈할 것임을 강조했을 것이며, 주인의 일을 하는 기본적인 방법과 주인의 뜻도 분명하게 일러두었을 것입니다.

마태복음 25장 15절에 보면 주인이 청지기의 '재능에 따라' 자신의 재산을 맡겼다고 합니다.

> 각각 그 재능대로 한 사람에게는 금 다섯 달란트를, 한 사람에게는 두 달란트를, 한 사람에게는 한 달란트를 주고 떠났더니

'재능에 따라'는 헬라어로 '까따 뗀 이디안 뒤나민'인데, 여기서 분배를 의미하는 전치사 '까따'가 쓰이고 있습니다. 누가복음 12장 42절에 나오는 "때를 따라"에 쓰인 '따라'와 같은 용례입니다.

___ **청지기 정신의 두 번째, 세 번째 기둥: 주인의 뜻과 셈**

주인이 자신의 뜻과 일을 하는 방법, 셈이 있음을 알려 주었다는 것은 비유의 시작부터 충분히 알 수 있습니다. 비유의 시작인 마태복음 25장 14절에서 주인이 타국에 가기 전 그 소유를 맡기는 모습에서부터 필연적으로 그가 돌아와 셈할 것이라는 사실을 예측할 수 있기 때문입니다. 비유의 절정에 해당하는 19절에서 30절까지의 내용을 보면 주인이 돌아와서 셈하는 모습("오랜 후에 그 종들의 주인이 돌아와

그들과 결산할새")이 있는데 이 비유에서 가장 긴 부분입니다. 청지기 정신의 세 번째 기둥인 '주인의 셈'은 반드시 다가옵니다. 이것이 없다면, 청지기 정신은 의미가 없습니다. 주인의 셈이 없다는 것은 주인이 사라졌거나 주인이 자신의 소유에 별 관심이 없다는 뜻인데, 이는 선한 주인에게는 있을 수 없는 일입니다.

우리는 주인의 셈을 자세히 살펴봄으로써 주인의 뜻과 주인의 일이 무엇인지를 배울 수 있습니다. 왜냐하면, 셈하는 기준이 바로 주인의 뜻이기 때문입니다. 우리는 주인의 뜻에 따라 주인의 일을 해야 합니다. 선한 청지기가 행복한 이유는 주인의 뜻을 잘 알고 있기 때문입니다. 선한 주인을 성심으로 섬겨서 주인의 일을 통하여 주인의 뜻을 이루는 것은 엄청난 행복입니다. 선한 청지기는 행복한 청지기입니다.

___ 선한 청지기의 구체적인 모습

5달란트와 2달란트를 받은 종들이 어떻게 주인의 일을 하였는지 살펴봅시다. 우리는 이를 통해서 선한 청지기의 모습을 배울 수 있습니다.

다섯 달란트를 받은 종(청지기로 부름 받은)과 두 달란트를 받은 종(청지기)은 곧바로(즉시) 각자 맡은 달란트를 사용했습니다(마 25:16, 17). 이는 물질이기도 하지만 재능이라고 보아도 좋습니다. 우리는 이들의 모습을 보면서 선한 청지기들이 주인의 뜻을 얼마나 소중하게 생각하는지를 알 수 있습니다. 또 주인의 일을 할 때 얼마나 순전한 열심이 있는지를 보게 됩니다.

이 청지기들은 주인이 준 기회(재물과 재능)를 적극적으로 사용하였습니다. 이들에게는 자신의 유능함을 입증하려는 의도가 보이지 않습니다. 오직 주인의 뜻을 받드는 데 충성할 뿐입니다. 이는 주인이 자신을 신뢰하여 맡긴 것에 대한 진정한 감사에 따르는 마땅한 태도입니다.

달란트는 종들이 스스로 노력해서 획득한 것이 아니라, 주인의 뜻에 따라 주어진 것입니다. 주인의 일에 대하여 우리가 어떤 태도를 보이느냐가 곧 주인에 대한 우리의 마음을 드러냅니다. 우리가 정말 주인을 믿고 신뢰하는가 그렇지 않은가가 드러나는 것입니다. 주님은 당신이 맡긴 일에 대한 우리의 태도를 보면서 우리를 판단하십니다. 특별히 오랫동안 멀리 떠나 아무런 지시도 없는 주인의 일을 한결같이 한다는 것은 쉽지 않습니다. 그럼에도 이는 나를 신뢰해서 주인의 것을 맡겨 주심에 대한 마땅한 도리입니다.

청지기 정신의 핵심은, 주인을 향하여 한결같은 충성심을 갖되 아주 오랫동안 자신이 주도하여 행한 주인의 일을 자신의 일이라고 착각하지 않는 것입니다. 처음부터 청지기는 '받은 것'으로 일했습니다. 선한 청지기들에게 받은 것은 일감이 아니라, 주인이 준 신뢰입니다. 따라서 청지기의 삶은 받은 것에 대하여 선하게 반응하는 것이며 이를 끝까지 유지하는 것입니다. 자신을 신뢰해 준 주인은 이 세상에서 가장 신뢰할 만한 분이기에 그분이 나에게 맡긴 것은 지극히 멋진 것이며, 내가 감당할 만한 것이기에 열정을 다하여서 이를 감당해야 하는 것입니다.

주인과 계속
영적으로 소통하는 종

어찌 보면 주인은 타국에 가 있는 동안 청지기들을 방치한 것처럼 보일 수 있습니다. 그리스 신화에 나오는 신과 여호와 하나님은 아주 많이 다릅니다. 그리스 신도 세상을 창조합니다. 그런데 이들은 피조물에게 관심이 없습니다. 그래서 자신(신)들의 세계에 살면서, 피조물과 분리되어서 피조물을 도무지 돌보지 않습니다. 청지기를 세운 주인은 그리스 신과 같을까요?

여호와 하나님은 세상을 창조하셨고, 인간과 분리하셨습니다. 관심이 없어서가 아니라, 너무나 관심이 많았는데 인간이 죄를 지음으로 오염되었고 그 결과 하나님과 함께할 수 없게 되어 분리된 것입니다(창 3:24). 성경은 인간이 에덴동산에서 쫓겨났다고 하지만, 사실은 인간이 하나님을 떠난 것입니다. 하나님은 이후로도 인간에게 지대한 관심을 가지고 계십니다. 그리고 하나님의 방법으로 인간을 돌보고 계십니다.

만약 그렇지 않다면, 이 세상에는 셀 수 없는 횟수의 대홍수가 있었을 것입니다. 하나님이 인간과 맺은 첫 번째 언약은 노아와 홍수 후에 맺은 것인데, 이는 하나님께서 다시는 인간을 물로 멸하지 않겠다고 선언하신 것입니다(창 9:11).

선한 청지기는 주인이 준 달란트를 사용하는 동안 쉬지 않고 주인의 뜻을 생각했을 것입니다. 주인의 뜻이 무엇일까? 생각하고 또 생각하며 일하고 검증하기를 반복했을 것입니다. 이 청지기는 주인의 뜻을 받들어 주인의 일을 하려고 매일 다짐하였을 것입니다. 이러는 동안 청지기는 선해진 것입니다. 이러는 동안 멀리 있는 주인과 계속 영적으로 소통하고 있었던 것입니다.

누가복음 12장 42절은 주인의 일을 '테라뻬이아'로 표현한다고 했습니다. '테라뻬이아'는 주인을 대신해서 다른 종들을 적절하게 대하는 것이며, 이를 통하여 서로에게 치유가 일어나는 것입니다. 그리고 이는 모든 일을 사려 깊게 감당하는 것입니다. 청지기들은 가진 재능이 많아서가 아니라, 주인의 선하고 고귀한 뜻을 그 어떤 것보다 귀히 여겨서 열정을 다하여 그 뜻을 받들었기 때문에 주인이 기뻐하는 선한 청지기가 되었습니다.

——불의한 청지기, 무엇이 문제였나?

24 한 달란트 받았던 자는 와서 이르되 주인이여 당신은 굳은 사

람이라 심지 않은 데서 거두고 헤치지 않은 데서 모으는 줄을 내가 알았으므로 25 두려워하여 나가서 당신의 달란트를 땅에 감추어 두었었나이다 보소서 당신의 것을 가지셨나이다 26 그 주인이 대답하여 이르되 악하고 게으른 종아 나는 심지 않은 데서 거두고 헤치지 않은 데서 모으는 줄로 네가 알았느냐 마 25:24-26

본 비유의 핵심은 한 달란트 받은 종에게 있습니다. 청지기로 부름 받기는 했는데, 불의한 청지기가 된 사람에 관한 이야기입니다. 한 달란트 받은 청지기의 이야기는 우리에게 반면교사(反面敎師)의 역할을 하고 있습니다. 한 달란트 받은 사람처럼 되지 말아야겠다는 다짐을 하는 것입니다.

그는 한마디로 무지했습니다. 하나님에 대한 무지는 하나님의 뜻에 대한 곡해를 낳고 하나님의 일을 하지 않고 엉뚱한 짓을 하게 만듭니다. 이런 무지의 첫 단추는 하나님을 잘못 알고 있기 때문에 생긴 것이며, 이는 하나님에 대한 무관심에서 비롯된 것입니다.

한 달란트 받은 종은 주인을 굳은 사람이며 심지 않은 데서 거두고 헤치지 않은 데서 모으는 줄로 알았다고 합니다. 그래서 두려워하여 한 달란트를 땅에 감추어 두었다고 말합니다. 하나님에 대한 무지는 하나님의 일을 하면서 도리어 하나님께로부터 멀어지게 합니다. 왜냐하면 하나님이 두려워지기 때문입니다.

신앙의 신비는 두려운 하나님과 가까워지는 것입니다. 왜냐하면 하나님에 대한 두려움은 경외함이지, 공포가 아니기 때문입니다. 마치 아이들이 아빠를 친근하게 부르듯이 두려운 하나님과 아무런 격이 없을 정도로 가까워지는 것입니다. 그러므로 우리는 하나님의 일을 하면서 하나님과 가까워져야 합니다.

'심지 않는 데서 거두고 헤치지 않는 데서 모은다'는 표현은 하나님의 전능하심을 나타낸다고 할 수 있습니다. 그런데 문제는, 한 달란트 받은 종이 이를 하나님은 아무런 일도 하지 않으며 오직 입술의 명령으로 모든 것을 이루신다는 의미로 곡해하여 그것을 자신이 아무 일도 하지 않은 이유로 내세웠다는 것입니다. 이렇듯 하나님에 대한 무지는 곡해를 낳고 억지 해석을 낳습니다.

하지만 본 비유의 주인(하나님)은 일하는 분입니다. 하나님은 열심히 일하시면서 당신의 구속 사역에 우리를 참여시키려 합니다. 이런 멋진 주인의 선한 청지기는 주인의 일에 기꺼이 참여할 준비를 하고 있어야 합니다. 주인이 기회를 주면 기다렸다는 듯이 그 기회를 열정을 바쳐 받들어야 합니다.

하나님에 대한 무지의 극치는 하나님께서 자신에 대하여 아무런 기대가 없다고 생각하는 것입니다. 하나님이 나에게 별 기대가 없으며, 별 계획도 없다고 스스로 비하하는 것은 죄입니다. 한 달란트는 별것 아닌 재물 혹은 재능일까요? 아닙니다. 당시 달란트는 화폐 단위로서 가장 큰 가치였습니다.

당시에는 금 달란트와 은 달란트가 있었는데, 은 1달란트는 당시 보통 사람이 20년 동안 번 연봉에 해당합니다. 월 250만 원을 받는다고 했을 때 최소 6억 원이나 됩니다. 만약 금이라면 그것의 약 두 배가 됩니다. 본문의 달란트는 금입니다(마 25:15). 적게 보아도, 금 1달란트는 오늘날 10억 원이 넘는 금액입니다. 절대로 적은 액수의 돈, 혹은 적은 수준의 재능이 아닙니다. 이렇듯 하나님은 우리 모두에게 평생을 통해 벌 수 있는 만큼의 재능을 주셨습니다. 그리고 그것으로 주인의 일을 하라고 말씀하고 계십니다.

이런 일화가 있습니다. 어떤 성도가 죽은 후에 천국에 도착했습니다. 천국지기가 그를 어느 방으로 인도하였는데, 그곳은 멋지게 포장되어 있는 선물로 가득하였습니다. 눈이 휘둥그레져서 그가 천국지기에게 묻습니다. "이 선물은 무엇이지요?" 천국지기가 대답합니다. "이것들은 모두 그대에게 배달되었던 것인데 그대가 수신 거부를 하여서 여기 보관해 둔 것입니다."

우리 모두가 이 성도와 같은 경험을 할 것 같습니다. 우리에게는 사장되어 버린 주인의 선물이 참으로 많다는 생각이 듭니다.

누구나 주인의 뜻을 헤아릴 수 있다

사업에 실패해 본 사람들은 1달란트 받은 종에 대한 비유를 걸림돌로 여길지도 모릅니다. 그들의 생각은 대체로 다음과 같습니다.

'나는 나름 열심히 했는데요… 그런데 사업이 망했습니다. 지금은 차라리 그냥 아무 일도 하지 않았던 것이 나아 보입니다. 나는 1달란트 받은 사람보다 더 못한 것 같아 속상합니다. 내가 그것밖에 안 되는 걸 어떡하란 말입니까? 난 정말 세상에서 어떻게 하는 것이 주인의 일인지 모르겠습니다. 나는 두 배로 남길 자신이 없습니다. 정말 사업하기가 두렵습니다. 그냥 묻어 두고 싶습니다. 내 재능은 아무도 알아주지 않으며, 내가 주의 일을 하려고 하는 것이 오히려 다른 사람에게 피해를 줍니다. 주님은 왜 나를 이렇게 만드셨나요? 나에게는 아무런 사업의 길이 보이지 않습니다. 그리고 전에 몇 번 경험한 실패 때문에 또 새로운 일을 시도하는 것은 엄두도 나지 않습니다. 나는 정말 하나님이 무섭습니다. 하나님의 것으로 어떤 일을 하다가 만의 하나라도 실수하면 어떡합니까?'

위와 같이 생각하는 분들에게 두 가지 질문을 하고 싶습니다.

첫째, 왜 예수님의 비유에는 달란트를 사용하다가 실패한 사람의 이야기는 없을까요? 둘째, 당신은 정말 사업을 하면서 주님의 뜻을 따르려고 했는데 주님의 뜻을 도무지 이해할 수 없었나요? 정말 주님의 일이라고 확신하여 이를 계속 점검하면서 했다지만 사실은 주인의 일이 아니라 나의 일을 한 것이 아닐까요?

누구든지 주인의 일을 받들어 주인의 일을 하려고 애쓰면서 자기를 점검하면 점점 더 분명하게 주님의 뜻을 알게 됩니다. 왜냐하면 주님을 가까이하려 하면, 주께서 가까이해 주시기 때문입니다.

하나님을 가까이하라 그리하면 너희를 가까이하시리라 죄인들아 손을 깨끗이 하라 두 마음을 품은 자들아 마음을 성결하게 하라 약 4:8

정말 주인의 일을 하고 싶다면, 바로 가서 주인의 일이라고 생각하는 일을 시작하십시오. 그리고 그 일을 주인의 뜻에 따라 완수하려 계속 점검하고 주인의 뜻이 무엇인지 헤아려 보십시오. 하나님의 뜻에 대한 감각이 생기고 점점 분별이 됩니다.

사업하기가 두렵다는 분에게 드린 첫 번째 질문으로 돌아가면, 주인의 셈은 두 배로 남긴 것에 있지 않고, 주인의 일을 '바로 가서' 시작하여 주인의 뜻을 분별하며 최선으로 주인의 일을 하려 한 것에 있습니다. 이런 청지기는 비록 주인의 일을 하면서 주인과 직접 대화할 기회를 얻지 못해도, 성심으로 주인의 일을 하려고 애쓰는 동안 주인의 심장을 갖게 됩니다.

___ 청지기가 받을 보상 vs. 벌

오랜 시간이 지난 뒤였지만, 주인은 돌아왔습니다. (이는 예수님의 재림을 의미합니다.) 그리고 청지기들이 한 일을 평가합니다. 주인의 셈은 본 비유의 핵심입니다. 그래서 가장 많은 부분이 할애되었습니다. 선한 청지기에게는 칭찬이 있었습니다.

내가 많은 것을 네게 맡기리니 네 주인의 즐거움에 참여할지어
다 마 25:21

청지기에게 이 칭찬은 최고로 행복한 일일 것입니다. 주인의 일
에 참여한 청지기만이 주인의 즐거움에도 참여할 수 있습니다. 이 즐
거움이 인생 최고의 행복입니다. 주인은 선한 청지기에게 더 많은 일
을 맡깁니다. 주인은 1달란트를 빼앗아 5달란트로 총 10달란트를 만
든 자에게 추가로 줍니다. 그는 11달란트를 받게 된 것입니다.

반면, 1달란트 받은 종에게는 "악하고 게으른 종"이라고 선언합
니다. 게으른 것은 단순히 아무 일도 하지 않는 것이 아니라, 악한 것
이라고 합니다. 벌을 받는 청지기의 게으름은 단순히 무지한 것도 어
리석은 것도 아니라 악한 것입니다. 그가 받을 벌에 대해서 성경은
무려 세 개의 절을 할애하여 상세히 기록합니다.

28 그에게서 그 한 달란트를 빼앗아 열 달란트 가진 자에게 주라
29 무릇 있는 자는 받아 풍족하게 되고 없는 자는 그 있는 것까
지 빼앗기리라 30 이 무익한 종을 바깥 어두운 데로 내쫓으라 거
기서 슬피 울며 이를 갈리라 마 25:28-30

아주 심한 벌입니다. 앞 장에서 불의한 청지기가 받은 벌과 비교
해 보십시오. 성경은 반복해서 무지한 청지기는 심한 벌을 받게 될

것을 경고합니다(눅 12:46-48, 많이 맞고, 신실하지 아니한 자가 받는 벌에 처함). "나는 이런 심한 벌이 있는지 알지 못했습니다." "단순한 과오이며 무지입니다." "누구나 이 정도로 주인이 없는 시간을 남용하는 것은 흔한 일 아닙니까?" 성경은 이런 변명이 통하지 않을 것이라고 명시하고 있습니다.

1. 청지기 정신의 기둥 세 가지는 무엇인가요? 그 세 가지를 기준으로 나의 삶을 돌아볼 때 고쳐야 할 부분이 무엇인지 이야기해 봅시다.

2. 하나님이 나에게 시킨 일이라고 생각되는 것은 무엇인가요? 그리고 내가 지금 당장 그 일을 하기 어려운 이유가 무엇인가요?

3. 왜 예수님의 비유에는 달란트를 사용하다가 실패한 사람의 이야기는 없을까요? 내가 지금 당장 하나님의 일을 한다면 무엇부터 할 수 있을까요?

Part 2

주인은 재물보다
관계에 관심이 많다

4

재물에 마음을 쏟지 말고
하나님께 투자하라

네가 이 세대에서 부한 자들을 명하여 마음을 높이지 말고 정함이 없는 재물에 소망을 두지
말고 오직 우리에게 모든 것을 후히 주사 누리게 하시는 하나님께 두며
_딤전 6:17

디모데전서의 틀은 바른 교훈과 다른 교훈을 대조시키는 것입니다. 바른 교훈은 복음이며, 다른 교훈은 건강하지 않은 교훈, 상한 교훈이란 의미의 원어를 가지고 있습니다. 바른 교훈의 핵심은 경건을 이루는 것이며, 다른 교훈은 말다툼, 변론과 의미 없는 언쟁을 일으키는 것입니다(딤전 6:3-5). 나아가 바른 교훈이 이루는 경건은 '자족'입니다.

> 그러나 자족하는 마음이 있으면 경건은 큰 이익이 되느니라
> 딤전 6:6

바울은 계속해서 바른 교훈은 경건을 낳아 돈을 바르게 사용하는 법도 가르쳐 준다고 합니다.

> 돈을 사랑함이 일만 악의 뿌리가 되나니 이것을 탐내는 자들은 미혹을 받아 믿음에서 떠나 많은 근심으로써 자기를 찔렀도다
> 딤전 6:10

이는 결국 청지기 정신으로 이어집니다.

우리는 모두 부자다

우리는 대부분 스스로 부자라고 생각하지 않으며, 그렇다고 가난하다고도 생각하지 않습니다. 그래서 '부자가 천국에 들어가는 것이 낙타가 바늘구멍으로 들어가는 것보다 어렵다'는 말에도 긴장하는 사람이 별로 없습니다. 우리는 부자란 최상위 1%가 아니라 0.1%는 되어야 한다고 생각하는 경향이 있는 것 같습니다. 명품으로 온몸을 휘감고 눈이 휘둥그레질만큼 고급스러운 차를 타고, 입이 벌어지는 비용을 거침없이 쓰는 호화롭고 사치스러운 삶을 사는 사람들이 부자라고 생각하는 것입니다. 그런데 우리는 스스로 부자라고 생각하지 않지만 동시에 부자가 되고 싶어 합니다.

예수님의 가르침 중에 거지 나사로와 부자의 비유가 있습니다 (눅 16:19-31). 어떤 마을에 부자와 거지가 살고 있었는데, 부자는 이 세상 사는 동안 호화롭고 사치스러운 생활을 마음껏 즐겼고, 거지는 부자의 상에서 떨어지는 남은 음식으로 연명을 하는 데다 몸의 헌데를 개가 핥는 비참한 생활을 하였다고 합니다. 그런데 흥미롭게도 성경은 부자의 이름은 기록하지 않지만 거지는 나사로라고 그 이름을 기록하고 있습니다.

이들은 때가 되어서 이 세상을 떠났고 죽은 후에는 두 사람의 형편이 역전되어서 부자는 지옥에, 나사로는 아브라함의 품, 곧 천국에 가게 되었습니다.

어떤 성경 학습반에서 선생님이 이 비유를 설명하고 질문을 하였습니다. "여러분은 부자가 되고 싶나요 나사로가 되고 싶나요?" 한 학생이 대답했습니다. "살아서는 부자, 죽어서는 나사로가 되고 싶습니다." 이것이 우리들 마음인 것 같습니다(열린말씀컨퍼런스,《돈인가, 예수인가?》, 2010, 142-143쪽).

바울은 디모데에게 이 세대의 부자들에게 재물의 청지기로 살 것을 반드시 가르쳐야 한다고 당부합니다. 저는 바울의 가르침에 전적으로 동감합니다. 그런데 이 글을 읽고 있는 분들이 모두 부자일까요? 저는 그렇다고 생각합니다. 아마도 이를 입증하기 위하여 약간의 변증이 필요할 것 같습니다.

어쩌면 어떤 분은 빈곤층에 속해 있는지도 모릅니다. 2016년 기준으로 대한민국의 빈곤층이 300만 명에 달했다는 통계가 있습니다. 하지만 우리는 이 세상 기준으로도 가진 것이 제법 있습니다. 아프리카나 오지의 사람들은 말할 것도 없고, 개발도상국의 중산층보다 우리 수입이 더 나을 것입니다. 2010년 즈음에 나온 한 보고서에 의하면, 캄보디아의 교사들은 월 4만 원을, 보통의 회사원은 월 10만 이내의 수입을 올린다고 합니다.

이런 상대적인 비교를 하지 않더라도 우리는 부자입니다. 왜냐하면 우리 아버지가 아주 큰 부자이기 때문입니다. 성경은 하나님께서 자녀들에게 충분한 삶의 자원을 주셨다고 합니다. 1달란트의 가치를 생각해 보십시오.

___ 하나님께 소망을 두라

디모데전서 6장 내용을 요약하면, 1) 원리 선언과 2) 행동 지침 그리고 3) 이에 기대되는 결과에 관한 것입니다. 부자들은 소망을 하나님께 두어야 하며(원리), 이 땅에서는 가진 것으로 선한 사업을 많이 해야 하며(행동 지침), 이렇게 함으로 미래를 위한 좋은 터를 쌓아서 생명을 취하게 된다는 교훈입니다(기대).

> 17 네가 이 세대에서 부한 자들을 명하여 마음을 높이지 말고 정함이 없는 재물에 소망을 두지 말고 오직 우리에게 모든 것을 후히 주사 누리게 하시는 하나님께 두며 18 선을 행하고 선한 사업을 많이 하고 나누어 주기를 좋아하며 너그러운 자가 되게 하라 19 이것이 장래에 자기를 위하여 좋은 터를 쌓아 참된 생명을 취하는 것이니라 딤전 6:17-19

그런데 위의 말씀은 청지기의 세 가지 정신에 맞게 정리할 수 있습니다. 이는 각각 하나님의 것, 하나님의 일/뜻, 하나님의 셈입니다. 디모데전서 6장 17절의 '소망을 재물에 두지 말고 하나님께 두라'는

'주인의 것'에 대한 교훈입니다. 18절 '재물로 영원한 일을 도모하라'는 '주인의 일'에 관한 내용입니다. 그리고 19절 '장래에 자기를 위한 좋은 터를 쌓아 참된 생명을 취하는 것'은 '주인의 셈'에 관한 내용입니다.

또 이 말씀에는 우리가 소망을 하나님께 두어야 하는 이유가 자세하게 설명되어 있습니다. 따라서 재물의 청지기, 곧 이 세대에서 부요한 자들이 가장 주의해야 할 교훈입니다.

바울은 소망을 하나님께 두라고 명하면서, 소망을 하나님께 두지 않을 때 일어나는 현상을 먼저 제시합니다. 마음이 높아지는 것과 소망을 재물에 두는 것이 그 현상입니다. 이렇듯 바른 곳에 소망을 두지 않고 그릇된 것에 소망을 두고 살다가는 결국 허망한 마지막을 맞이할 것입니다.

그러면서 바울은 왜 하나님께 소망을 두어야 하는지를 정확하게 짚어 줍니다. 하나님은 '후히 주사 누리게 하시는 분'이기 때문입니다. 우리는 하나님이 어떤 분인지 알아서 그분께 소망을 두어야 합니다. 선한 청지기는 주인이 어떤 분인지를 알아 가는 축복을 누리게 됩니다. 바울은 재물의 청지기란 주인이신 하나님이 어떤 분인지를 아는 지혜가 있는 자임을 전제하고 있습니다.

여기서 '소망'이라는 단어를 '관심'으로 바꾸어 보면 이해하기가 쉽습니다. 즉 우리의 '관심'을 세상 재물에 두지 말고 하나님께 두라는 교훈이 됩니다. 사람은 관심을 두는 일에 자신을 쏟습니다. 따라서 내가 어떤 사람인지를 알려면, 내가 진짜 관심을 두는 것이 어떤 것인지를 파악하면 됩니다. 그리고 자신의 삶에 변화를 일으키려면, 관심을 바꾸는 시도를 하면 됩니다.

먼저 나는 무엇에 관심을 가지고 있습니까? 만일 나의 관심사가 참된 생명과 상관없는 것이라면 그것은 내가 인생을 허비하고 있다는 뚜렷한 증거가 됩니다. 나의 관심사가 영원한 것과 무관하다면, 관심사에 변화를 일으켜야 합니다. 사람들은 단순히 취미로 즐겨야 할 일에 지나친 관심을 두는 경우가 많습니다. 또 비록 바른 것에 관심을 둘 때에도 그 동기가 자기중심적일 때가 많습니다.

가령, 자녀를 키우는 일은 부모의 도리이지만, 그 자녀에 대한 관심의 본질을 점검해 보면 참된 생명과는 거리가 있을 때가 있습니다. 실제로 많은 부모가 영원한 것과 상관없는 일에 엄청난 에너지와 정신 그리고 재물을 쏟고 있습니다. 의미 없는 일에는 관심이 줄어들고, 참된 생명과 관련된 일에는 관심이 늘어날 때 우리 영혼은 성숙해집니다.

소망을 신학적으로 이해해 보면, 소망은 현재와 미래를 통합시키면서 사는 건강한 삶의 방법임을 알 수 있습니다. 소망은 미래가 현재의 삶으로 들어와서 현재를 미래로 이끄는 힘입니다. 사람이 성취를 따라 살면, 언젠가는 좌절을 겪게 됩니다. 그런데 소망을 따라 살면 현재가 하나의 과정이면서, 하나님과 함께한 자국이며 동시에 작은 완성입니다. 현재는 성공으로 평가 받든, 실패로 평가 받든 그다지 중요하지 않습니다. 그대로 즐길 만하고 감사할 만한 것이며, 항상 다음으로 연결되는 발판이요 시작점입니다. 소망은 현재를 의미 있고 아름답게 가꾸어 갑니다. 미래가 현재보다 더 밝기 때문입니다.

그래서 소망은 성도와 세상에 속한 사람들을 확연하게 구별시킵니다. 세상에 속한 사람과 하늘에 속한 사람의 차이는 이 소망에 있습니다. 하늘에 속한 사람들은 소망이 있기에 비록 현재가 어려워도 미래의 확실함을 붙들고 밝고 바른 길로 향하게 됩니다. 소망은 이렇듯 현재의 어려움 중에도 미래의 찬란함을 미리 맛보며 그 빛을 현재에도 발하게 만듭니다. 이는 순결한 빛입니다.

> 너희 마음에 그리스도를 주로 삼아 거룩하게 하고 너희 속에 있는 소망에 관한 이유를 묻는 자에게는 대답할 것을 항상 준비하되 온유와 두려움으로 하고 벧전 3:15

하나님께 소망을
두지 않으면

하나님께 소망을 두지 않으면 우리는 자기 자신에게 소망을 두게 됩니다. 그 결과는 마음이 높아지는 것입니다. 마음이 높아지면 하나님을 가까이할 수 없습니다. 우리의 목표는 하나님을 가까이하는 것입니다. 그래서 우리는 성경을 통하여 어떻게 하나님과 가까워질 수 있는지를 늘 확인해야 합니다. 하나님을 가까이하려면 자신을 낮추어야 하며(약 4:8), 간구하는 자리에 있어야 하며(시 145:18), 소망을 하나님께 두어야 합니다(딤전 6:17).

하나님께 소망을 두지 않으면 마음이 스스로 높아질 뿐 아니라, 재물에 소망을 두게 됩니다. 그런데 이 재물은 정함이 없는 것입니다. 우리의 재물이 많아져서 그것을 쌓아 두는 것이 목적이 되면 사람은 재물 때문에 마음이 높아지게 됩니다. 그래서 영혼이 그 재물로 안전함을 누릴 줄 알았는데, 잠시 육체의 편안을 누릴 뿐 재물은 결코 영혼을 위한 준비가 되지 못합니다.

디모데전서 6장 17절에서 '정함이 없다'는 것은 '깨끗하지 않다'는 뜻이 아니라 '불확실하다'는 뜻입니다. 사람은 돈이 확실한 대안이며 보험이라고 생각하지만, 확실한 보장은 오직 하나님뿐이며, 재물이 주는 안전함은 잠시이며 부분적일 뿐입니다.

＿＿재물의 청지기가 알아야 하는 것, 하나님

디모데전서 6장 17절에서 가르쳐 주는 하나님은 어떤 분일까요? 모든 것을 후히 주사 누리게 하시는 하나님입니다. 야고보서 1장 5절은 잘 알려진 구절이며 흥미롭게도 본문과 아주 흡사합니다.

너희 중에 누구든지 지혜가 부족하거든 모든 사람에게 후히 주시고 꾸짖지 아니하시는 하나님께 구하라 그리하면 주시리라 바울은 "후히 주사 누리게 하시는 하나님"으로, 야고보는 "후히 주시며 꾸짖지 아니하시는 하나님"이라고 선포합니다. 흥미로운 점은 중요한 신학적인 초점에 있어서 바울과 야고보는 서로 다른 강조점을 가지고 있습니다. 바울은 믿음으로 구원에 이르는 원리를 강조하면서 믿음이 그 어떤 이유에서든 약화되지 않기를 가르쳤습니다. 반면, 야고보는 진정한 믿음은 반드시 행위를 동반해야 함을 강조했습니다. 물론 두 가르침은 서로 상반되거나 불일치하는 것이 아닙니다. 두 사도가 하나님이 어떤 분이신가에 대한 교훈에서는 완전히 일치하고 있는 것이 흥미롭습니다.

야고보서 1장 5절의 문맥을 잘 살펴보면, 야고보는 "구하면 주시리라"는 예수님의 가르침을 지혜에 적용하고 있습니다. 다른 어떤 것보다도 우리가 지혜를 구하면, 이 요청은 잘 응답 받게 된다고 합니다. 하나님은 지혜 주시기를 기뻐하기 때문입니다.

야고보서가 말하는 지혜는 하나님의 시각에서 세상과 사물을 보는 관점이라고 생각합니다. 야고보는 지혜가 무엇이라고 정의하지 않았습니다. 그는 지혜를 논하면서 지혜의 정의 대신 하나님이 어떤 분이신지를 강력하게 선언합니다. 그에게 지혜를 주시는 하나님은 후하시고 꾸짖지 아니하시는 너그러운 분입니다. 곧 지혜는 이런 하나님의 시각과 마음을 갖는 것에서 비롯됨을 알려 줍니다.

하나님이 어떤 분인지를 아는 것은 청지기의 직분을 선하게 감당하는 데 필요한 삶의 지침, 곧 지혜를 얻는 일에 결정적이라고 할 수 있습니다. 하나님은 후히 주시며 누리게 하시는 분이므로 우리는 재물이 아니라 하나님께 소망을 두어야 합니다. 재물이 중요한 것이 아니라, 그 재물을 주셔서 우리를 실제로 부요하게 하시는 분이 더 중요합니다.

아버지라면 한 번쯤 경험해 본 일이라 생각됩니다. 멀리 출장을 가서 열심히 일하다 보면 아이들이 참 그립습니다. 그래서 오랜 동안 보지 못한 아쉬움 후의 만남을 더욱 의미 있게 하기 위해서 선물을 준비합니다. 그런데 막상 아이들은 아빠보다 선물을 더 반기는 것 같습니다. 물론 선물과 선물을 준 사람이 동일시되기도 합니다. 하지만 아이들은 선물을 주는 사람보다 선물 자체를 더 즐깁니다. 영적인 아이들도 그런 것 같습니다. 우리가 소망을 두어야 하는 것은 선물/재물을 주시는 하나님이지 하나님이 주신 재물이 아닙니다.

___ '후히' 누리게 하시는 하나님

> 17 네가 이 세대에서 부한 자들을 명하여 마음을 높이지 말고 정함이 없는 재물에 소망을 두지 말고 오직 우리에게 모든 것을 후히 주사 누리게 하시는 하나님께 두며 18 선을 행하고 선한 사업을 많이 하고 나누어 주기를 좋아하며 너그러운 자가 되게 하라
>
> 딤전 6:17-18

앞의 말씀에서 '부한 자' '재물' '후히' 그리고 '많이 하다'는 각각 다른 네 개의 단어이지만 헬라어로는 같은 단어입니다. 즉 '쁠루또스'인데, 영어의 rich(리치)에 해당합니다. 흥미로운 것은 같은 어근의 단어가 각각 부한 자는 형용사(쁠루시오스), 재물은 명사(쁠루또스), 후히는 부사(쁠루시오오스), 많이 하다는 동사(쁠루페인)로 사용되고 있다는 것입니다. 그런데 보통 문법에서 동사와 명사가 중요한 품사이며, 형용사와 부사는 덜 중요합니다. 하지만 말씀에서 바울은 부사인 '후히'에 무게를 싣습니다. 하나님께서 우리에게 행하시는 일에 대한 묘사이기 때문입니다. 나머지는 우리의 모습입니다. 하나님의 행하심은 그 결과로 우리가 갖게 된 재물이나 부보다 더 중요함을 알 수 있습니다.

어쩌면 우리는 '누린다'는 표현에 대해서도 두 가지 엇갈린 생각을 동시에 갖고 있을지도 모릅니다. 누리고 싶은 마음과 누려서는 안된다는 생각입니다. 그리고 이 두 가지 생각이 공존할 때 후자로 전자를 눌러야 좋은 성도라고 생각하는 경향이 있는 것 같습니다. 누리게 하심의 헬라어 표현은 '에이스 아뽈라우신'입니다. 하나님께 소망을 두면, 누리게 하시는 하나님을 만나게 됩니다.

우리는 '누리는 삶'에 대해서도 잘 알고 있어야 합니다. 하나님과 분리된 누림은 자칫 방종이나 낭비가 됩니다. 그러나 하나님 안에서 그분의 일을 나의 일로 하면서 그 일과 그 결과를 누리는 것은 하나님이 기뻐하시는 것이며 하나님께서 인간을 지은 최고의 목적이

라고 합니다. 웨스트민스터 신앙 고백의 대요리 문답 첫 번째 질문과
답은 다음과 같습니다.

"사람의 첫째 되고 가장 높은 목적은 무엇인가? 사람의 첫째 되
고 가장 높은 목적은 하나님을 영화롭게 함과 영원토록 하나님을 온
전히 즐거워함이다"(김의환,《개혁주의 신앙고백》, 2004, 36쪽).

____재물의 청지기가 갖춰야 할 태도

바울은 재물로 영원한 일을 도모하면서, 성도가 재물의 청지기
로서 살기 위해 갖추어야 할 네 가지 삶의 태도를 제시합니다.

> 선을 행하고 선한 사업을 많이 하고 나누어 주기를 좋아하며 너
> 그러운 자가 되게 하라 딤전 6:18

1) 선을 행하고, 2) 선한 사업을 많이 하고, 3) 주기를 좋아하며,
4) 너그러운 자가 되게 하라. 모든 성도가 이렇게 살면, 세상이 훨씬
나아지지 않을까요?

이 네 가지 중에서 앞의 두 요소가 더 강조되어 있고, 뒤의 둘은
앞의 내용들을 보충하고 있습니다. 그런데 1번과 2번은 반복인 듯합
니다. 저자의 관심은 두 번째인 '선한 사업을 많이 하라'에 있다고 볼
수 있습니다. 선한 사업이란 커다란 사업체를 의미하지 않습니다. 선

한 사업이란 어떤 특별한 비즈니스가 아니라, 부자인 성도들이 그들이 가진 부를 통하여 남들의 눈에도 매력적으로 보이도록 사는 것을 뜻합니다. 그 본질을 보면 그 물질을 주시는 분이 하나님임을 드러내고 있습니다. 물질 자원뿐 아니라, 지적인 자원도 마찬가지입니다. 이 자원을 가지고 매력적으로 사용하는 일은 모두 '선한 사업'이 됩니다. 그런데 이 시대는 매력적인 부를 가진 사람을 찾기가 쉽지 않습니다.

미국 뉴저지에서 목회하면서 경험한 일입니다. 어떤 집사님과 레스토랑에서 가볍게 주스나 마시려고 주문을 하였습니다. 저는 얼음이 들어간 음료수를 마시지 않습니다. 그래서 주문을 할 때 얼음을 빼 달라고 하면서 '양은 신경 쓰지 말라'고 덧붙입니다. 얼음이 빠진 만큼 주스를 더 채워야 한다는 부담감을 주지 않기 위해서입니다.

그런데 그날은 이런 특별 주문을 잊어버렸습니다. 주스가 나오는 순간, 저는 곧바로 미안하지만 얼음을 빼 달라고 부탁했습니다. 그런데 그다지 무례하거나 어려운 주문이 아닌데도 종업원이 난색을 표했습니다. 그러자 옆에 있던 집사님이 제가 주문한 주스를 마시고 싶었다면서 자신이 얼음이 든 주스를 마실 테니 얼음을 넣지 않은 주스를 한 잔 더 달라고 했습니다. 집사님 덕분에 딱딱해질 뻔한 분위기가 부드러워졌습니다.

너그러움은 모두를 편안하게 합니다. 사람이 재물에 대해서 너그러워지려면 소망을 재물에 두어선 안 됩니다. 하나님께 소망을 두면, 우리는 나누기를 좋아하고 너그러워집니다. 우리가 소망을 둔 그하나님은 우리에게 후히 주사 누리게 하시는 분이므로, 우리는 그 안에서 우리에게 맡겨진 재물과 재능으로 매력적인 일을 많이 할 수 있게 됩니다.

____장래를 위해 좋은 터를 쌓는 것

재물의 선한 청지기가 되는 것은 결국 자신을 위한 것입니다. 우리가 주인의 일을 나의 일로 여기고 열심히 행하면, 자신에게도 큰유익이 됩니다. 우리가 미래에 누릴 축복은 내가 스스로 세우지 않은도성이 결국 우리의 것이 되는 것입니다. 내가 열심히 비축하고 쌓아놓은 것만으로 미래를 준비하는 것은 답답한 인생입니다.

우리가 장래를 위해 좋은 터를 쌓아 두는 것은 미래를 위한 가장지혜로운 선택입니다. 아마도 이 이미지는 건축을 염두에 둔 것인데, 성경은 여러 가지 형태의 건축 혹은 건축물과 관련된 이미지를 다양한 교훈을 위하여 사용합니다. 교회가 세워지는 것 외에도, 한 사람의 인생을 집을 짓는 것에 비유하여 지혜로운 삶이 견고한 집을 짓는것과 같다고 설명합니다(마 7:24-27).

정리하면, 장래의 좋은 터를 쌓는 것은 지금을 지혜롭게 사는 방법이라는 뜻입니다. 이는 영원한 가치에 투자하는 것을 의미합니다. 지금 당장의 유익이 아니라 영원한 시간에 통용되는 가치를 위해 준비하고 비축하는 것이 지혜의 근본이라는 뜻입니다. 따라서 예수님의 다른 가르침에 나오는 천국에 보화를 쌓아 두는 것과 낡지 않을 배낭을 준비하라는 가르침과 동일한 것으로 볼 수 있습니다.

> 너희 소유를 팔아 구제하여 낡아지지 아니하는 배낭을 만들라 곧 하늘에 둔 바 다함이 없는 보물이니 거기는 도둑도 가까이하는 일이 없고 좀도 먹는 일이 없느니라 눅 12:33

우리는 현재를 기쁘고 보람 있게 살면서 동시에 미래가 멋지게 준비되도록 하는 일에 열심을 내면서 살아야 합니다. 이는 주인의 일이며, 이를 위해서 사용되는 재능과 재물이 참된 가치를 가진 것입니다.

하나님께 소망을 두면, 그 결과 참된 생명을 취하게 됩니다. '취하다'의 헬라어는 '에삐람본따이'인데, 이는 '강하게 붙들다'는 뜻이며, 생명을 얻기 위해서 진지하며 결사적이기까지 한 모습을 표현한 단어라고 볼 수 있습니다.

> 믿음의 선한 싸움을 싸우라 영생을 취하라 이를 위하여 네가 부르심을 받았고 많은 증인 앞에서 선한 증언을 하였도다 딤전 6:12

참된 생명의 헬라어 표현은 생명과 관련되어 있는 것들을 광범 위하게 지칭합니다(a thing that is of life). 생명을 붙들기 위해서는 생명에 관련된 여러 가지 것들을 폭넓게 붙잡아야 합니다. 사실 생명을 붙든다고 했을 때, 우리가 붙들어야 하는 생명이 무엇인지는 여전히 애매한 문제로 남게 됩니다. 생명은 그것만을 골라서 붙드는 것이 쉽지 않습니다. 생명과 관련된 것은 무엇이든 소중히 여길 때 참된 생명을 취하게 됩니다. 이는 바울이 자신의 진지한 경험에서 얻어 낸 교훈이라고 볼 수 있습니다.

소망을 하나님께 둡시다. 우리를 풍요롭게 하시되, 특히 우리의 영혼을 풍요롭게 하셔서 생명과 관련된 일들을 풍성하게 하시는 하나님을 꼭 붙들고 이것은 반드시 지키고 누리며, 영원한 세계를 향한 순례를 계속합시다. 풍성하게(부요하게) 하시는 하나님 때문에 우리는 이 땅에서 풍성하게 누리며, 즐거이 나누며, 너그럽게 살다가 상상할 수 없이 풍요롭게 되는 참된 생명을 취하게 될 것입니다.

생각 나누기

1. 재물은 정함(고정됨, 안정됨, 견고함)이 없습니다. 본문은 정함이 없는 재물이 아니라 모든 것을 후히 주시고 누리게 하시는 하나님께 소망을 두라고 말씀합니다. 당신은 현재 어디에 소망을 두고 있습니까? 즉 어디에 제일 많은 관심을 두고 있습니까?

2. 재물을 단순히 모으고 축적하는 것은 지혜로운 방법이 아닙니다. 장래의 좋은 터를 쌓기 위해 재물을 가지고 지혜롭게 사는 방법은 무엇입니까?

3. 돈이 있다고 다 풍성하게 누리며 사는 것이 아닙니다. 돈이 있어도 궁핍해서 나누지 못하는 이들이 많습니다. 그러나 그리스도인은 가난해 보여도 많은 사람을 부유하게 할 수 있습니다. 아무것도 없는 자 같으나 모든 것을 가진 자라고 고백할 수 있습니다(고후 6:10). 그 이유는 모든 것을 후히 주사 누리게 하시는 하나님이 우리의 아버지이기 때문입니다. 후히 주시고 누리게 하시는 하나님의 은혜를 경험한 적이 있습니까? 주변에 그런 성품을 닮은 성도들이 있습니까? 나누어 보세요.

5

재물 사용,
예수님과 친구 삼는 데 쓰라

내가 너희에게 말하노니 불의의 재물로 친구를 사귀라 그리하면 그 재물이 없어질 때에 그
들이 너희를 영주할 처소로 영접하리라

_눅 16:9

소위 '불의한 청지기의 비유'라 일컫는 본문(눅 16:1-9)에 대해 어떤 학자는 누가복음 전체에서 제일 어렵다고 하며, 나아가 신약성경 전체에서 가장 난해하다고까지 말했습니다. 하지만 우리는 선한 청지기로서 복된 삶을 살기 위해 이 비유의 핵심 가르침을 꼭 알아야 합니다. 따라서 해석이 난해한 잔가지는 쳐 내고, 굵은 틀을 붙들고 나무보다는 숲을 파악해 보려고 합니다. 성경은 그 누구도 다 이해할 수 없을 정도로 깊지만, 또한 누구나 그 핵심을 다 알 수 있도록 명료하기 때문입니다.

이 비유가 가지고 있는 해석상의 어려움을 정리해 보면 세 가지로 요약할 수 있습니다.

첫째는 '부자의 행동 혹은 생각'이 일관성이 없어 보이는 점입니다.

> 주인이 이 옳지 않은 청지기가 일을 지혜 있게 하였으므로 칭찬하였으니 눅 16:8

부자는 불의한 청지기에게 상황에 전혀 안 맞아 보이는 칭찬을 합니다.

비유의 내용을 요약해 보면, 부자인 주인은 자기의 재산을 어떤 청지기에게 맡겼습니다. 그런데 이 청지기가 재산을 허비한다는 이야기를 들었고, 바로 진상 조사에 나섰는데, 그 소문이 사실이라고 판명되었습니다. 주인은 이 불의한 청지기에게 해고 통지를 합니다. 해고 통지를 받고 다급해진 청지기는 해고 후의 대책을 마련하기 위해 '자기를 위하여' 주인에게 빚진 자들의 빚을 탕감해 줍니다. 빚을 임의로 탕감해 준 것입니다. 청지기는 빚진 자들을 각각 불러서 '기름 백 말을 오십으로, 밀 백 석을 팔십으로' 줄여 줍니다(눅 16:5-7). 그런데 이 대목에서 알 수 없는 일이 일어납니다. 주인이 청지기의 이 부당한 행위를 칭찬한 것입니다. 주인의 재산을 자신을 위해 임의대로 처리한 행위에 대해 주인이 칭찬했다는 것은 상식적으로 받아들이기 힘든 일입니다.

둘째는 '불의한 재물로 친구를 사귀라'는 교훈입니다

내가 너희에게 말하노니 불의의 재물로 친구를 사귀라 눅 16:9상

이 교훈은 '불의한 재물'이라도 바르게만 사용하면 어떻게 취하였든지 간에 모두 정당화된다는 뜻인 듯하여 받아들이기 껄끄럽습니다. 특별히 재물 앞에서는 '윤리'도 '신앙'도 찾아보기 어려운 현실에

서 이런 성경의 가르침은 어떤 분들에게는 매우 실망스러울 수도 있습니다. 나아가 친구 삼는 것이 재물을 바르게 사용하는 것과 어떤 관계가 있는지도 단번에 이해가 되지 않습니다.

과연 성경은 재물을 '의로운 재물'과 '불의한 재물'로 구별하고, 불의한 재물로는 친구 삼는 데 쓰는 것이 최선이라고 가르치고 있는 것일까요?

셋째는 '친구들'이 불의한 청지기를 영원한 처소로 인도한다는 내용입니다.

> 그리하면 그 재물이 없어질 때에 그들이 너희를 영주할 처소로
> 영접하리라 _눅 16:9하_

여기서 만약 영원한 처소가 천국이라면, 어떻게 그들이 영원한 처소로 인도될 수 있다는 말일까요? 그럴 수는 없습니다. 그렇다면, 어떻게 이해해야 하나요?

——엄한 주인의 이상한 칭찬

주인이 불의한 자를 칭찬했다는 것이 이상합니다. 주인에게 피해를 주었을 뿐 아니라 이를 통해 불의한 자가 이득을 취한 것 같은

데 주인이 이를 칭찬하고 있습니다. 선한 청지기는 우리의 모델이 됩니다. 그리고 불의한 청지기는 우리의 반면교사가 됩니다. 그런데 본문에서 불의한 청지기가 칭찬을 받음으로써 우리의 모델이 되어 버렸습니다. 이 점이 우리를 당황스럽게 만듭니다. 과연 불의한 청지기를 통해 우리는 어떤 점을 배워야 하나요? 이를 파악하는 데는 상당한 지혜가 필요합니다.

주인이 불의한 청지기를 칭찬한 것은 부분적이라고 보아야 합니다. 누구나 완벽하게 선할 수 없고 또 완벽하게 불의할 수도 없습니다. 마찬가지로 불의한 청지기도 한 부분만큼은 선한 부분이 있었는데 주인이 그 부분을 칭찬한 것입니다. 그는 주인의 것을 주인의 뜻에 반하여 낭비하였고 그래서 해고 통지를 받았습니다. 그런데 그는 자기의 앞날을 위해 빚을 탕감해 줌으로써 주인의 칭찬을 들었습니다. 주인의 칭찬은 빚을 탕감해 준 것에 국한됩니다. 주인의 뜻에 반하여 물질을 낭비한 것까지 칭찬한 것은 아니라는 얘기입니다. 따라서 우리가 귀감으로 삼을 것은 오직 주인이 칭찬한 부분입니다.

그런데 흥미로운 사실은 '칭찬'이라는 헬라어가 제대로 된 칭찬을 의미하는 '에파이네오'를 사용하고 있다는 점입니다. 비록 부분적인 칭찬이지만, 그 내용은 비교적 잘했다는 뜻이 아니라, 아주 멋지다는 극찬에 해당합니다. 바울은 로마서 15장 11절에서 이 '에파이네오'를 예배자가 하나님을 높이는 모습을 묘사하는 데 사용합니다.

모든 열방들아 주를 찬양 에파이네오 하며 모든 백성들아 그를 찬
송하라

모든 민족이 하나님을 감탄하며 높이는 '찬양'이 바로 부자가 청
지기에게 했던 '칭찬'과 같은 단어입니다. 고린도전서 11장 2절에서
는 이 단어가 성도를 향한 극찬에 가까운 마음을 표현하는 데 쓰이고
있습니다("너희가 모든 일에 나를 기억하고 또 내가 너희에게 전하여 준 대로 그 전
통을 너희가 지키므로 너희를 칭찬하노라"). 박수를 쳐 주고 있는 모습이 연
상됩니다.

여기에 우리의 어려움이 있습니다. 주인은 과연 무엇을 왜 칭찬
한 것일까요? 우리는 불의한 청지기에게서 무엇을 본받아야 할까요?

수학 문제를 풀다 보면 한 번 틀리면 오답인데, 한 번 더 틀리니
까 정답이 된 경우가 있습니다. 해답 과정을 보지 않고 결과만 봤을
때 가능한 일입니다. 도덕적으로도 처음에는 꼬였는데 두 번째 더 꼬
이게 됐을 때 결과적으로 정당한 일이 될 수도 있습니다.

불의한 청지기도 그랬던 것 같습니다. 그는 두 번이나 자신의 유
익을 따라 행하였는데, 두 번 계속 틀려서 주인이 원하는 일을 역설
적으로 한 셈입니다. 불의한 청지기는 처음에는 주인의 재산을 낭비
하여서 주인의 뜻에 어긋났고, 두 번째는 혹시라도 자신이 해고당한
후에 덕을 좀 보려고 빚을 탕감해 주는 불의를 행하였는데, 이 두 번
째 실수가 결과적으로 주인의 뜻에 딱 맞는 행위가 되었다는 의미입

니다. 우리는 이 문제를 향한 주인의 마음을 배워야 합니다.

____ 주인이 칭찬한 이유

본문의 난제는 주인이 왜 칭찬했는가를 이해하는 것입니다. 이 칭찬은 상대적인 칭찬이 아니라 온전한 것이었습니다. 헬라어 '에파이네오'가 이를 입증합니다. 만약 공의롭고 사사로움에 조금도 흔들리지 않는 주인이 칭찬을 한 것이라면, 이는 비록 불의한 청지기의 의도가 자신을 위한 것이었더라도 그 결과가 주인이 기대했던 것이 되었기 때문입니다.

그렇다면 주인은 무엇을 기대했던 것일까요? 그것은 앞에서 살펴본 청지기 정신의 세 가지 기둥에 잘 나타나 있습니다.

> 누가 신실한 청지기이겠는가? 그는 사려 깊은 자로 주인은 그를 그의 양식을 위해 세워서 때를 따라 ^{까따} 나누어 주기 위함이다
>
> 눅 12:42, 사역

주인의 공의로움을 보아야 합니다. 주인의 뜻은 그의 종들에게서 이윤을 더 많이 착취하는 것이 아니라, 그들이 정당한 대우를 받게 하는 것입니다. 따라서 불의한 청지기는 결과적으로 주인의 뜻에 맞는 일을 한 셈입니다.

예수님을 상징하는 부자 주인은 그 자원이 무한하므로 한 명의 청지기가 입힌 손실로 인해 그의 경제적 상태는 곤경에 처하지 않습니다. 예수님 당시의 예루살렘에는 도시에 살면서 지방에 수많은 땅과 노예를 소유한 부자들이 있었습니다. 얼마나 부유했던지 한 지방에 있는 땅의 소득 중 일부를 잃는다 해도 그 손해가 피부로 전혀 느껴지지 않을 정도로 부유한 사람도 있었습니다. 본문에 나오는 부자 주인이 바로 그런 사람이었습니다.

이 주인의 관심은 재물의 손실이 아니라 청지기가 자기의 뜻대로 일을 잘하고 있는가였습니다. 빚을 탕감해 준 일은 주인에게 '손실'이 아니라 오히려 그의 '덕망'을 높이는 일이었을 것입니다. 주인에게 필요한 것은 '명예'이지 사소한 '재물의 이득'이 아니었기 때문입니다.

── 주인의 관심은 '친구 삼는 것'

> 내가 너희에게 말하노니 불의의 재물로 친구를 사귀라 그리하면 그 재물이 없어질 때에 그들이 너희를 영주할 처소로 영접하리라 눅 16:9

누가복음 16장에 나오는 불의한 청지기에 관한 말씀 중 열쇠 절은 9절입니다. 비유는 재물로 친구를 삼는 데 역점을 두고 있습니다. 이것이 재물을 가장 효과적으로 사용하는 기준이라고 선포하는 것입니다.

그런데 우리의 관심을 끄는 것은 '불의한 재물'이란 표현입니다. '불의한 재물'이란 무엇을 의미할까요? 두 가지로 정의해 볼 수 있습니다. 첫째, 본문에서 불의한 청지기가 부당하게 챙긴 이득이라는 견해입니다. 둘째, 재물이라는 것이 원래 불의한 것이라는 일반적인 견해입니다. 구체적으로 살펴보겠습니다.

언뜻 보면 '불의한 재물'이란 청지기가 마음대로 줄여 주고 취득한 재물이란 생각이 듭니다. 불의한 청지기는 해고 통지를 받고 나서 자신에게 조금이라도 유익한 방법을 강구하면서 빚진 자를 일일이 불러 100말의 기름을 50말로, 100석의 밀을 80석으로 줄여 줍니다 (눅 16:5-7). 그런데 청지기가 빚을 줄여 줌으로써 자신이 취한 물질적 이득은 없었습니다. 다만 훗날에 탕감 받은 사람들이 청지기에게 호의를 베풀어 줄 것을 기대할 뿐이었습니다. 만약 빚을 탕감 받아 이익을 본 사람들이 훗날에 청지기를 안면몰수해 버린다 해도 어쩔 수 없는 일입니다.

누가복음을 연구하는 학자들 중에는 청지기가 '줄여 준 부분'은 법적으로 자신이 할 수 있는 권한 안에 있었던 것이라는 견해를 제안하기도 합니다. 기름의 경우는 50%, 밀의 경우는 20%를 줄여 준 것은 청지기가 받은 커미션과 관련이 있다는 것입니다. 물건에 따라 청지기가 받은 커미션 비율이 달랐다고 보는 것입니다(Darrell L. Bock, *Baker Exegetical commentary on the New Testament: 3B, Luke*, vol. 2, Grand Rapids: Baker Books, 1996, 1330-1331쪽). 또 어쩌면 이런 차이는 물건에 따라 이 자를 붙이는 비율이 달라 생긴 것일 수도 있습니다(J. D. M. Derrett, *Law in the New Textment*, London: Darton, Longman & Todd, 1970, 56-57쪽).

어쨌든 이 청지기는 '고리'로 적용했던 이율을 너그러운 이율로 바꾸고, 자신의 커미션을 줄여 상당한 양의 빚을 탕감해 준 것으로 볼 수 있습니다. 어차피 해고되면 커미션을 받을 수 없었기 때문일지도 모릅니다.

두 번째 견해는 예수님이 재물을 불의하다고 하신 것은, 청지기가 불법으로 빚을 탕감했기 때문이 아니라, 재물이 지니고 있는 '속성 자체'가 그것을 소유한 사람을 불의하게 만들 소지가 많다는 뜻으로 봅니다. '불의한'은 청지기의 탕감 행위가 불의하다는 뜻이 아니라, 재물 그 자체가 일반적으로 '불의하다'는 뜻이라는 것입니다.

언젠가 빚에 시달리던 사람을 상담한 적이 있습니다. 그 빚의 무게가 얼마나 컸던지 그는 차라리 죽고 싶다고 말했습니다. 자신만 죽는 것이 아니라, 빚을 독촉하는 그 사람까지도 죽이고 싶다고 했습니다. 재물은 빚을 꾸어 준 자와 빚진 자 모두를 불의하게 만들 수 있습니다. 재물은 얼마 안 되는 금액으로도 사람의 목숨을 빼앗거나, 스스로 자신의 목숨을 포기하도록 할 정도로 불의한 도구가 될 수 있습니다.

앞에서 재물은 가치중립적이며 선한 사람이 선한 목적으로 사용할 때 참된 재물이 된다는 것을 살펴보았습니다. 불의한 재물은 선한 재물이 아닌 것이라고 볼 수 있습니다. 나쁜 사람의 수중에서 나쁘게 사용되지 않았어도, 참된 재물이 아닌 경우 일단 불의한 재물로 보는 것입니다.

예수님은 요한복음 15장의 포도나무 비유에서 "내가 너희를 사랑한 것같이 너희도 서로 사랑하라"고 가르치시고(12절), 다음 절에서 사랑의 본질에 대해 자세히 설명하십니다. "사람이 친구를 위하여 자기 목숨을 버리면 이보다 더 큰 사랑이 없다"면서 이어서 "너희는 내가 명하는 대로 행하면 곧 나의 친구"라고 선언하십니다(요 15:13-14절). 사랑을 우정으로 표현하고 있습니다.

예수님이 지신 십자가는 분명 하나님의 아들이 죄인들을 위하여 일방적으로 희생하신 것인데, 그 중심에는 우월한 자가 연약한 자를 위해 베푸는 자비 안에 근본적으로 우정이 있다는 것입니다. 상대가 안 되는 우리를 위해서 일방적으로 은혜를 베푸셨을 뿐 아니라, 우리를 예수님의 귀한 상대로 여겨 주시고 종을 친구로 승격시켜서 그 친구에게 우정을 베푸셨습니다.

예수님은 당신의 뜻을 소중히 여겨서 받들고 사는 사람들을 친구로 불러 주십니다. 신분은 종이었으나 종이 주인의 뜻을 받들고자 할 때, 그를 제자 삼아 훈련시키고, 그가 주인의 뜻을 알아서 주인의 일을 자신의 일로 감당할 때 친구라 불러 주시며, 자신의 모든 것을 공유하게 하십니다.

제가 학위 논문을 마치고 논문이 책으로 출간되어서 감사의 글을 쓸 때였습니다. 먼저 다른 분들은 감사의 글을 어떻게 쓰는가 살펴보던 중에 흥미로운 표현을 만났습니다. 자신의 지도 교수를 '멘토' '논문 지도자' '친구' 등으로 표현한 것입니다. 그중 '친구'라는 표현이 참 마음에 들었습니다. 동양식 사고에서는 좀 지나쳐 보이겠지만 서양식 사고에서는 자연스럽고, 성경적이라고 생각합니다. 이후 제가 교수가 되었을 때 오히려 제게 깨우침을 주는 제자들을 종종 만나게 되었습니다. 제자들과 긴 시간을 함께하다 보면 서로 영향을 끼쳐서 나중에는 학문적인 경향이 닮은꼴이 되기도 합니다. 이쯤 되면 스승과 제자는 같은 학문을 지향하는 친구일 뿐입니다. 요한복음 15장 말씀에서도 예수님의 이런 마음이 묻어납니다.

재물 사용의 성경적 원칙

어떤 전문가에 의하면 성경에서 물질과 소유(돈)에 대한 구절이 2350절이나 된다고 합니다. 하지만 물질 사용에 관한 구체적인 지침을 찾기란 쉽지 않습니다. 그런 점에서 이 비유는 물질 사용에 대한 구체적인 지침이 되어서 의미가 있습니다.

즉 재물로(재물은 본질적으로 불의하게 쓰일 가능성이 큰데) 친구를 삼으라는 것입니다. 친구를 삼는 데 사용된 재물은 참된 재물이 됩니다.

언뜻 생각해 보아도, 참된 재물의 대표적인 예는 선교 혹은 구제에 사용한 재물인 것처럼 보입니다.

"참된 재물이란 하나님께 가치 있는 것으로 영원히 지속되는 것이다. 다른 사람에게 영원한 생명을 주는 것 외에 무엇이 더 참될 수 있을까?"(랜디 알콘: 김신호 옮김,《돈, 소유, 영원》, 예영커뮤니케이션, 2006, 251쪽).

진정한 친구 사귐이란 예수님을 소개해서 상대가 예수님의 친구가 되게 함으로 그가 나의 친구도 되는 것입니다. 예수님이 중심에 있는 친구 관계가 세상에서 가장 멋진 관계입니다. 우리는 세상이 예수님과 친구 되는 일에 내게 있는 모든 자원을 효율적으로 사용하는 법을 익혀야 합니다. 내게 있는 재물, 재능, 시간, 지위, 힘 등을 세상이 예수님과 친구 되는 일에 더 잘 사용한다면 우리는 참으로 행복한 인생입니다. 왜냐하면 이는 내가 먼저 예수님과 친구가 되는 길이며, 예수님이 원하시는 주인의 일이기 때문입니다.

재물이 많으면 친구 사귀기가 쉬울까요? 재물이 많은 사람들은 누군가 호의를 가지고 자신에게 다가오면 자신의 부 때문에 다가온다고 의심합니다. 실제로 재물이 많은 사람은 주변에 사람들이 많지만 진정한 친구는 드뭅니다. 소유한 물질이 내 것이라고 생각하면, 친구를 사귀면서 너그럽기가 쉽지 않습니다. 그래서 예수님은 주인의 것을 너그러이 사용한 청지기를 통해 우리가 해야 할 바를 알려 주십니다.

우리는 종종 진정한 친구를 사귀면서 사용한 재물이 조금도 아깝지 않고 오히려 큰 기쁨이 되는 경험을 합니다. 나아가 내가 사용한 재물이 그가 예수님의 친구가 되는 데 도움이 되었다면 그 재물은 정말 제대로 사용된 것임에 틀림없습니다.

앞에서 참된 재물의 대표적인 예로 선교와 구제가 있다고 했습니다. 선교와 구제의 중요한 원리는 많이 가진 사람이 남는 것을 나누어 주는 것이 아닙니다. 열악한 환경에 있는 사람들에게 자신이 익힌 우수한 문화를 심는 것도 아닙니다. 선교와 구제의 원리는 예수님처럼 찾아가서 친구를 삼는 것입니다. 선교는 복음을 전하는 것입니다. 그런데 복음을 전하기 위해서 친구 삼으려는 마음이 있어야 하며, 복음을 전한 결과는 서로 친구가 되는 것입니다.

____ 불의한 청지기는 누구와 친구가 되었는가

이 비유에서 청지기가 '불의한 재물'로 사귄 친구는 누구였나요? 확실한 사람이 한 명 있습니다. 생각해 보십시오. 빚을 탕감 받은 사람들은 아직 청지기와 친구가 되었다고 말할 수는 없습니다. 아직은 미래에 친구 삼기 위해 씨를 뿌려 둔 정도입니다. 어쩌면 이들 중에는 친구가 아니라 원수가 될 사람도 있을 것입니다. 훗날 청지기가 찾아갔을 때, 청지기의 호의를 완전히 잊어버리고 무시하는 사람도 있을 것이기 때문입니다.

놀랍게도 청지기와 친구 된 이는 바로 부자 주인입니다. 누가복음 16장 8절에서의 칭찬과 9절에서의 '친구 사귐'은 서로 깊게 관련되어 있으며 이는 또한 주인이 원하는 것입니다. 그러므로 불의한 청지기는 사람들에게 빚을 탕감해 주므로 부자의 친구가 되었을 것입니다.

청지기는 그에게 가장 중요한 사람 중의 한 명인 '주인'을 친구 삼는 행운을 누리게 되었습니다. 주인은 그를 '안정된' 처소로 이끌 힘이 있는 인물입니다. 청지기가 주인의 뜻을 행하였기 때문입니다. 그런데 이 주인은 '예수님'입니다. 청지기는 결국 '영원한' 처소로 인도될 것입니다.

영원한 처소에 대한 학자들의 견해는 다음과 같습니다. 처소의 헬라어는 '스께네'인데, 이는 장막이란 뜻입니다. 특히 레위기 23장 34절에서 이스라엘 백성이 출애굽한 것에 감사하면서 기쁨의 축제를 나누던 장소가 장막, 즉 처소입니다. 이를 본문에 적용하면 구원 받은 백성이 하나님의 영원한 통치 장소에서 함께 축하하며 기뻐하는 모습입니다.

하지만 불의한 청지기로부터 이득을 취한 사람들이 그에게 이미 받은 이득을 되돌려 주는 것은 아닙니다. 더욱이 그들은 불의한 청지기를 이런 특별한 장소에 데려올 권한이 없습니다.

이와 관련된 흥미로운 주석은 이들을 1) 하나님의 대리인으로 천사들 혹은 2) 사람들 속에 나타난 하나님 자신으로 보는 것입니다

(Darrell L. Bock. 같은 책, 1996, 1334쪽). 만약 불의한 청지기가 친구 삼은 사람이 주인이라면, 주인은 그를 자신의 잔치에 초대할 충분한 권한이 있습니다.

___ 물질 사용에 대한 바른 기준

그리스도인이라면 친구 삼는 데 재물을 쓸 수 있어야 합니다. 가족을 위해 재물을 사용하는 것은 당연합니다. 그런데 그리스도인이라면 가족을 위해 재물을 사용할 때 하나님에 대한 인식이 있는지, 어떤 성경적인 원리가 적용되는지 생각해 보아야 합니다. 다시 말해 자녀를 위해 재물을 사용할 때도 자녀가 하나님과 친구가 되는 데 도움이 되도록 해야 합니다. 내 자녀를 남보다 나은 사람으로 만들겠다는 욕심으로 재물을 사용하는 것이 아니라 내 자녀가 하나님과 좋은 친구가 되도록 재물을 사용해야 하는 것입니다.

그리고 나를 돌보는 데 사용한 재물도 내가 하나님과 좋은 친구가 되도록 하는 데 도움이 된다는 원칙에 준하면 선용될 수 있습니다.

자신을 위해 지나칠 정도로 재물을 쓰지 않는 것이 좋은 신앙이라고 생각하는 사람들이 있습니다. 그런데 이런 사람들은 오히려 가까운 사람들의 마음에 상처를 주는 경우가 많습니다. 따라서 자신에게 지나치게 인색한 것도 하나님과 친구 되는 것을 어렵게 하는 것임을 알아야 합니다.

물론 '사치'나 '과소비'는 어떤 경우에 당연히 신앙적이지 않습니다. 사치는 하나님과 친구 됨을 확실하게 방해합니다. 왜냐하면 하나님과 친밀해야 하는 마음을 물질에 대한 관심과 욕심, 그리고 소유하고 싶은 욕구로 채우기 때문입니다.

　　그러므로 하나님과 더 좋은 친구가 되기 위한 물질 사용이라는 기준을 가지고 물질을 사용해야 합니다.

1. 당신은 예수님의 청지기로서 불시에 주인이 와서 중간 점검을 한다면 어떤 평가를 받을 것 같습니까? 그 이유가 무엇인지 나누어 봅시다.

2. 이 땅의 재물을 가지고 주인의 뜻대로 참되게 사용하는 방법은 무엇일까요?

3. 불의한 속성이 있는 재물을 가지고 영원한 친구 되신 예수님과 사귀는 삶이란 어떤 것일까요?

6

재물 관리,
영혼이 깨끗해야 잘 다룰 수 있다

그들에게 이르시되 삼가 모든 탐심을 물리치라 사람의 생명이 그 소유의 넉넉한 데 있지 아
니하니라 하시고
_눅 12:15

──부자의 진짜 주인

하나님은 사람의 부에 대해 그다지 관심이 없습니다. 사람이 가진 부의 양이나 그 부를 거머쥐게 된 방법은 하나님의 관심이 아닙니다. 하나님은 다만 우리의 영혼에 관심이 많으시며, 우리가 영혼을 잘 다루는 전문가가 되길 원하십니다.

하나님은 우리 영혼의 주인입니다. 하나님께서 청지기에게 재물을 맡기신 이유는, 그래서 그것이 마치 자신이 소유한 것처럼 보이게 한 이유는, 그 부로 자신의 영혼을 잘 돌보라는 임무를(주인의 뜻) 맡기신 것입니다. 자신의 영혼을 잘 돌보는 일에는 반드시 다른 사람의 영혼을 풍성하게 하는 일(주인의 일)이 포함되어 있습니다.

성경에 어리석은 부자의 비유(눅 12:13-21)가 나옵니다. 어리석은 부자는 청지기 직분을 망각한 무지함을 보여 주며, 불의한 청지기로 책망 받는 삶의 예를 보여 줍니다. 여기에 나오는 부자는 하나님 앞에서 종과 다름이 없는 청지기입니다. 왜냐하면 그가 소유한 물질이 궁극적으로는 자신의 것이 아니었기 때문입니다. 성경은 에둘러서 부자가 소유한 물질이 세상적으로는 부자의 것이지만, 결국 부자의 것이 될 수 없는 이유가 부자의 '영혼을 관장하는 진짜 주인'이 따로 있다고 말합니다. 진짜 주인은 바로 유일하신 하나님입니다.

청지기로서 관리해야 할 것은 주인이 맡긴 모든 것입니다. 다시 말해 사람이 소중하다고 생각하는 거의 모든 것입니다. 재능, 물질, 자녀, 직위, 시간, 자유 등 모두입니다.

──부자의 착각

누가복음 12장에 나오는 부자는 그렇지 않아도 가진 것이 많은데, 엄청난 풍년까지 맞았습니다. 얼마나 소출이 많았는지 쌓아 둘 곳이 없을 지경이었습니다. 그래서 창고를 넓힐 계획을 하였고, 일이 순조롭게 진행되어 튼튼하고 넓은 최신 시설을 갖춘 초대형 창고가 마련되었습니다. 그리고 그 창고 안은 금세 곡식으로 가득 찼습니다. 오랜 동안 윤택하게 살 만한 재산을 모았습니다. 자신이 만만해지면서 그는 큰 만족을 경험합니다. 이때 그의 마음에서 나온 소리가 다음과 같습니다.

> 내가 내 영혼에게 이르되 영혼아 여러 해 쓸 물건을 많이 쌓아 두었으니 평안히 쉬고 먹고 마시고 즐거워하자 하리라 눅 12:19

여기서 이 부자의 문제점을 예리하게 찾아보십시오. 소득이 충분해져서 다소간 쉬고, 몸을 위해서 먹고 마시고, 휴식을 즐기는 것은 당연한 일입니다. 현대인은 적절한 안식이 필요하며, 안식을 통한 회복이 있어야 합니다. 그런데 이 부자가 말한 '먹고 마시고 즐거워 하자'는 당시 문화에서 관용적인 표현으로, 사람이 가진 것으로 인하여 '태만, 방만, 교만'해진 라이프스타일을 가리킵니다. 이런 사람들은 영혼까지 방만해져서 자신이 영혼의 주인이라고 착각합니다. 자신이 소유한 것으로 원하는 것을 얻을 수 있듯이 자신의 영혼도 스스로 주장할 수 있다고 생각합니다.

이때 하나님께서 진정한 영혼의 주인이 누구인가를 선명하게 가르쳐 주십니다.

> 하나님은 이르시되 어리석은 자여 오늘 밤에 네 영혼을 도로 찾으리니 그러면 네 준비한 것이 누구의 것이 되겠느냐 하셨으니
>
> 눅 12:20

영혼의 주인은 그 영혼을 언제든지 취할 수 있는 분입니다. 영혼의 주인인 하나님께서는 이런 권한이 있습니다! 따라서 우리는 청지기 정신을 가지고 살아야 합니다. 특히 나의 영혼이 하나님의 것임을 분명하게 인정해야 합니다.

우리는 정말 처절할 정도로 자신의 육신적인 것들을 돌보며 살고 있습니다. 기본 생존을 위하여 돌보며, 이 단계가 끝나면 곧바로 성공을 위해서 자신을 돌봅니다. 사람은 태생적으로 이기적입니다.

세상 사람들은 자신의 육신의 삶을 돌보는 것에는 익숙하지만, 영혼을 돌보는 것에는 무지합니다.

흔히 '어려움이 도리어 기회'라고 말하는데, 어려움을 통하여 진짜 중요한 자신의 내면을 돌아볼 기회가 생겨서 내면의 '무질서'를 다시 '질서'로 바꾸는 기회를 가질 수 있기 때문입니다. 내 영혼을 돌보는 최선의 방법은 그 영혼의 주인이신 하나님을 인정하는 것입니다.

이제 영혼의 관리법에 대하여 배워 봅시다. 비유에는 종종 열쇠 절이 있습니다. 그 시작 부분이나 끝 부분에 비유를 푸는 열쇠 절이 있습니다. 그 절을 중심으로 그 비유가 무엇을 의미하는지를 풀어 가면 하나님의 뜻을 어긋나지 않게 해석할 수 있습니다. 누가복음 12장 15절과 21절이 열쇠 절입니다. 우리는 이 두 절을 면밀하게 살펴봄으로써 영혼의 청지기가 되는 방법에 다가갈 수 있습니다.

___ 첫째 열쇠: 호주머니가 회개해야 참다운 회개다

> 그들에게 이르시되 삼가 모든 탐심을 물리치라 사람의 생명이
> 그 소유의 넉넉한 데 있지 아니하니라 하시고 눅 12:15

영혼의 선한 청지기가 되려면, 소유의 문제가 잘 정리되어 있어야 합니다. 앞서 말했듯이 성경에는 돈에 대해 언급한 구절(2350절)이

매우 많습니다. 이는 믿음과 기도에 관련된 구절을 합친 수의 두 배에 이르는 것입니다. 예수님이 직접 하신 말씀 중 15%나 되는 말씀이 돈과 소유에 관한 가르침이라고 합니다(랜디 알콘, 같은 책, 25쪽).

성경은 왜 이렇게 많은 분량을 재물과 관련된 가르침에 할애할까요? 예수님은 돈과 소유를 언급하지 않고는 영혼의 문제를 다룰 수 없다고 진단하신 것 같습니다. 왜냐하면 이 둘은 너무나 깊게 연결되어 있기 때문입니다.

"호주머니가 회개하지 않으면 진정으로 회개한 것이 아니다"라는 조언이 있습니다. 참으로 적절한 표현입니다. 진정한 회개는 영혼이 바로 서는 것인데, 영혼이 바로 서게 되면 삶이 달라지게 됩니다. 그리고 삶이 달라진 것은 물질과 재능을 사용하는 원리와 방법이 달라진 것으로 확인됩니다. 전에는 물질의 대부분을 나를 위해서 사용하던 것에서 주님의 뜻과 영원한 것을 위해서 사용하는 것입니다. 또 빚을 많이 지고도 아무런 거리낌 없이 살던 삶에서 단순하고 덜 소유하는 방식의 라이프스타일로 바뀌는 것입니다.

그런데 '호주머니가 회개해야 참다운 회개'라는 가르침이 성경에도 나올까요? 그렇습니다. 누가복음 3장 7절 이하를 보십시오. 세례 요한은 회개를 외쳤고 사람들이 이에 찔림을 받고 질문합니다. 이제 어떻게 살아야 하나요? 요한은 계속 교훈합니다. 옷 두 벌이 있는데 실제로 한 벌만 필요하다면 나머지 한 벌을 필요한 사람에게 나누어 주라고 합니다. 세리는 부당한 방법으로 이익을 취하지 말며, 군인은 힘을 이용해서 다른 사람의 것을 빼앗지 말고 적은 봉급에 족한 줄 알라고 합니다(눅 3:11-14).

진정한 회개는 결국 삶에 변화를 일으켜서 물질과 재능을 바르게 사용하도록 합니다. 영혼의 선한 청지기는 재물과 재능에 있어서도 선한 청지기입니다.

심플한 삶을
추구하라

'생명은 소유의 넉넉함에 있지 않다'(눅 12:15)는 말씀은 무소유 혹은 금욕주의자가 되어서 소유를 죄악으로 여기라는 뜻이 아닙니다. 이는 오히려 소유의 넉넉함을 잘 관리하여서 영혼에 유익이 되게 하라는 뜻입니다. 사실 소유가 넉넉하면 영혼의 청지기가 되는 데 유리한 점도 있습니다. 아니 성경은 모든 성도는 소유를 넉넉하게 가지고 있다고 교훈합니다.

달란트 비유에서 1달란트 받은 사람은 결코 적은 재능을 받은 것이 아니었습니다. 당시 달란트는 보통 사람이 평생 버는 수입에 해당하는 재물이었습니다. 이 비유를 통해 보듯이 하나님은 당신의 청지기에게 최소 1달란트를 주셨습니다. 하나님은 우리에게 충분히 주셨습니다. 우리 모두에게 소유의 넉넉함이 있는 것입니다.

'생명은 소유의 넉넉함에 있지 않다'는 말씀은 그 넉넉함을 가지고 우리의 안전의 근거로 삼지 말고 이것으로 하나님과 더 가까워지

고 하나님을 섬기는 일에 바르게 사용하라는 교훈을 주신 것이라고
봅니다.

아버지와 아들이 함께 등산을 갔습니다. 어느 순간 길을 헤매다
가 빨리 길을 찾아서 움직여야 하는 시간이 가까워졌습니다. 꽤 많이
걸어야 하는데 물이 반 병 정도 남았습니다. 아버지가 아들에게 말합
니다. "우리가 많이 걸어야 하는데 물이 반 병밖에 안 남았다. 어떻게
할까?" 아버지는 남은 물을 잘 나눠 마시며 가자는 의도로 말했는데
아들이 이렇게 말합니다.

"아빠, 우리 기도해야 될 것 같은데요."

이처럼 우리는 어떤 어려운 상황이 닥쳤을 때 하나님보다 우리
가 가진 것을 바라볼 때가 많습니다. 하지만 우리의 안전은 우리가
가진 것에 있지 않고 하나님께 있습니다. 이것이 영혼의 청지기가 가
장 먼저 가져야 할 생각입니다. 영혼의 청지기는 이런 '넉넉한' 재능
과 재물의 주인이 하나님인 것을 100% 인정해야 합니다. 이에 도움
이 되는 구약성경의 말씀 세 가지를 소개합니다.

1) 부를 얻게 하는 것도, 가난하게 하는 것도 하나님이십니다.

> 여호와는 가난하게도 하시고 부하게 하시며 낮추기도 하시고
> 높이기도 하시는도다 삼상 2:7

2) 토지는 모두 하나님의 것입니다.

토지를 영구히 팔지 말 것은 토지는 다 내 것임이니라 너희는 거
류민이요 동거하는 자로서 나와 함께 있느니라 레 25:23

3) 은과 금 역시 하나님의 것입니다

은도 내 것이요 금도 내 것이니라 만군의 여호와의 말이니라 학
2:8

영혼의 청지기가 물질의 청지기가 되었을 때 갖추어야 할 라이
프스타일은 '심플(simple) 라이프'(간소한 삶의 방식)입니다. 앞서 언급한
세례 요한의 회개 메시지를 듣고 이에 반응한 사람들에게 요한은 '간
소한 삶의 방식'을 제안했습니다. 별 필요 없는 두 벌 옷을 갖고 있지
말고 한 벌을 나누어 주라는 것입니다(눅 3:11). '간소한 삶의 방식'은
성경 전체가 영혼과 물질의 청지기들이 마땅히 갖춰야 할 것으로 제
안한다고 볼 수 있습니다. 잠언에 기록된 유명한 지혜는 이런 생각을
대변합니다.

8 나를 가난하게도 마옵시고 부하게도 마옵시고 오직 필요한 양
식으로 나를 먹이시옵소서 9 혹 내가 배불러서 하나님을 모른다

여호와가 누구냐 할까 하오며 혹 내가 가난하여 도둑질하고 내
하나님의 이름을 욕되게 할까 두려워함이니이다 잠 30:8-9

존 웨슬리는 평생 이 교훈을 마음에 품고 산 사람입니다. 그가
처음 목회를 해서 받은 월급이 30파운드(한화로 약 4만 4천 원)였다고 합
니다. 그는 28파운드 정도면 생활할 수 있다고 생각하여 2파운드를
가난한 사람들을 위해 내놓았습니다. 그 후 수입이 60파운드가 되었
을 때도 그는 28파운드만 생활비로 쓰고 나머지 32파운드는 가난한
사람들을 위해 내놓았습니다. 웨슬리는 말년에 책 수입 등 4만 파운
드까지 수입이 늘었지만, 여전히 28파운드만을 사용하고 나머지는
선한 일을 위해 내놓았습니다. 그런 그가 남긴 명언이 있습니다.

"소득의 증가는 '삶의 수준'을 높이는 것이 아니라 '드림의 기준'
을 높이는 기회다"(재인용, 랜디 알콘, 같은 책.).

그는 성경이 제시하는 '간소한 삶의 방식'을 그의 삶을 통하여
실천하면서 살았습니다.

성경이 물질에 대해서 가장 경계하는 것은 목적 없이 쌓아 두는
것입니다. 이렇게 쌓인 물질은 결국 인생 최대의 관심사가 되고 삶의
중심이 되며 자랑이 됩니다. 성경은 이런 재물관을 예리하고 강렬하
게 경계합니다. 어리석은 부자는 인생의 안전함이 자기가 쌓아 둔 소
유에 있다고 생각했습니다. 하지만 소유는 절대로 안전한 인생을 보
장하지 않습니다. 영혼의 청지기는 소유의 넉넉함이 아니라 생명의

풍성함에 마음을 두어야 합니다. 소유는 생명을 풍성하게 하는 데 사용되는 도구여야 합니다.

<u>부자의 소유는
누구의 것이 될 것인가?</u>

> 오늘 밤에 네 영혼을 도로 찾으리니 그러면 네 준비한 것이 누구의 것이 되겠느냐 눅 12:20

하나님은 그저 부자의 영혼을 '도로 찾는다'고 하십니다. 이 말은 처음부터 부자의 영혼은 줄곧 하나님의 것이었다는 뜻입니다. 하나님은 한순간도 이 영혼에서 관심을 뗀 적이 없다는 의미도 포함되어 있습니다. 하나님이 방치하고 유기하며 직무를 태만히 한 것이 아니라 부자가 착각한 것입니다. 영혼의 주인은 사람이 가지고 있는 모든 것의 주인입니다. 그래서 부자가 준비해 둔 모든 것은 하나님의 손에 의해서 그의 영혼이 취해지는 순간 그 어느 것도 부자의 것으로 남아 있지 않게 됩니다.

그렇다면 이 부자의 소유는 누구의 것이 될까요? 당연히 자식들의 것입니다. 당시의 상속법에 의하면 맏아들은 다른 아들들보다 유산을 두 배 더 받았습니다. 그래서 다른 아들들 입장에선 아버지가 돌아가신 뒤 재산을 분리하여 나누기보다 같이 살면서 공동으로 누

리는 것이 더 낫다고 생각했고 당시 풍습도 그것을 장려하였습니다

(Klyne R. Snodgrass, *Stories with Intent: A Comprehensive Guide to the Parables of Jesus*,
Grand Rapids: Eerdmans, 2008, 394쪽).

예수님이 어리석은 부자의 비유를 통해 영혼의 청지기로서 마땅히 살아야 할 길을 강조하신 것은 구체적인 문맥에서 확인할 수 있습니다.

> 무리 중에 한 사람이 이르되 선생님 내 형을 명하여 유산을 나와
> 나누게 하소서 하니 눅 12:13

본문의 배경은 두 가지로 추정됩니다. 첫째, 둘째 아들이 재산 분리를 요청해서 손실이 예상되는 경우, 둘째, 맏아들이 동생에게 갈 몫을 주지 않고 있는 경우입니다. 어쨌든 재산 상속을 둘러싼 자식들의 분쟁은 돌아가신 부모에게는 전혀 달갑지 않은 상황입니다.

아버지가 돌아가신 뒤 재산 상속을 놓고 형제 사이에 갈등이 있었습니다. 아우는 재산을 나누어 주지 않는 형 때문에 마음이 아팠습니다. 그는 이 문제를 예수님께 가지고 와서 호소합니다. 그런데 예수님의 반응은 냉정해 보입니다.

> 이르시되 이 사람아 누가 나를 너희의 재판장이나 물건 나누는
> 자로 세웠느냐 하시고 눅 12:14

예수님은 문제 해결에 관여하지 않고 대신 탐심을 경고하는 말씀으로 본 비유를 주셨습니다. 문제의 근원이 재산을 남긴 아버지의 탐심으로부터 시작되었음을 지적하고 있습니다.

탐심은 우상숭배다

예수님 당시 히브리인들이나 헬라인에게 탐심은 매우 중요한 주제였습니다. 하나님을 믿는 믿음을 거론하지 않더라도 사람이 행복하게 그리고 사람답게 살려면 탐심을 경계해야 함을 당시 사람들도 알고 있었던 것입니다. 헬라 철학자들에게 탐심은 주로 '쁠레오넥시아'란 단어로 표현되었으며, 그 의미는 퇴색된 물질관을 총체적으로 가리켰습니다. 이 단어의 기본 값은 '더 갖고 싶은 욕망'이라고 볼 수 있습니다(Klyne R. Snodgrass, 같은 책, 395쪽).

미국의 유명한 부자였던 록펠러 관련 일화입니다. 한 기자가 록펠러에게 "선생님은 얼마나 많은 돈을 벌면 만족하겠습니까?"라고 물었습니다. 그러자 록펠러는 "내가 지금 갖고 있는 것보다 조금 더"라고 말했다고 합니다. 누구나 만족이 없다는 것입니다. 예수님 당시 유대인들은 물론 비유대인들도 이 단어(탐심/쁠레오넥시아)를 다른 죄의 근원이라고 이해했으며, 따라서 탐심은 쉽게 다스릴 수 없는 대상이었습니다.

성경은 이런 탐심을 우상숭배라고 합니다.

그러므로 땅에 있는 지체를 죽이라 곧 음란과 부정과 사욕과 악한 정욕과 탐심이니 탐심은 우상숭배니라 골 3:5

탐심이 우상숭배인 이유는 지배력이 있기 때문입니다. 탐심은 사람을 무지하고 어리석게 만듭니다.

제가 LA에서 처음 담임 목회를 시작했을 무렵입니다. 당시 LA 한인 타운에서 나름대로 안정된 사업을 하던 권사님이 암으로 판정되어 몇 달 후에 돌아가셨습니다. 남편은 아내의 사업을 돕고 있었고, 권사님에게는 딸이 둘 있었는데, 아주 공부를 잘하여서 모든 사람이 부러워하는 학력을 가지고 있었습니다. 그런데 권사님이 돌아가신 뒤 사업체 상속을 놓고 아버지와 딸들 사이에 분쟁이 일어났습니다. 양쪽이 모두 저에게 중재를 요청했고, 저는 어렵지 않게 이를 해결할 수 있겠다 생각했습니다.

비록 나이는 어리지만 저는 이 가정의 담임목사였고, 또 권사님의 투병 과정을 함께했기에 온 가족이 저를 무척 신뢰하고 있었습니다. 뿐만 아니라 큰딸은 저의 주례를 받고 결혼하면서 저를 평생 멘토라고 말하기도 했습니다. 그런데 막상 이들의 상속 분쟁에 말려들고 보니 예수님이 왜 이런 분쟁에 참여하지 않으셨는지 알게 되었습니다. 예수님도 하지 않으신 일을 할 수 있다고 달려든 저의 무지함 때문에 큰 어려움을 겪었습니다.

예수님이 이런 일에 관여하지 않으신 이유는 인간의 탐심은 쉽게 다루어지지 않기 때문입니다. 탐심은 진정으로 그 영혼의 상태를 돌아보고 영혼의 선한 청지기가 되려는 회개 없이는 제어될 수 없습니다. 탐심은 우리를 무지하고 완고하게 만드는 우상입니다.

──둘째 열쇠, 주인의 일이 내가 꿈꾸던 그 일이 되게 하라

> 자기를 위하여 재물을 쌓아 두고 하나님께 대하여 부요하지 못한 자가 이와 같으니라 눅 12:21

이 말씀이 두 번째 열쇠 절입니다. 자기 일에는 아주 부요한데, 하나님 일에는 인색한 것을 경계하는 말씀입니다. 인간은 자신을 위해서는 시간과 돈을 아낌없이 쓰면서 하나님의 일을 위해서는 인색해질 때가 종종 있습니다. 영혼의 청지기는 하나님께 대하여 부요해져야 합니다. 하나님을 위해서 자신이 관리하는 재물과 시간 그리고 에너지와 수고를 아끼지 않아야 합니다. 인색하지 않을 뿐 아니라 부요해야 합니다. 이렇게 부요한 섬김은 좋은 삶의 태도일 뿐 아니라, 그 사람의 영혼이 멋지게 생명력을 보전하고 있음을 보여 주는 단서이기도 합니다.

영혼의 청지기는 영혼의 주인과 같은 마음을 갖게 됩니다. 그 결과 영혼의 청지기에게는 자기 일이 따로 없습니다. 자신의 일과 주인의 일이 일치되어 있습니다. 이러한 일치는 가능할 뿐 아니라, 인생을 보람 있게 사는 지름길입니다.

하나님은 보통 내가 잘하며, 하고 싶은 일을 위하여 나를 부르셨습니다. 이는 물론 내가 하고 싶은 일만 하고, 그렇지 않은 일은 하지 않아도 된다는 뜻이 아닙니다. 또 하기 싫은 일을 억지로 하는 것은 비생산적인 것이므로 의미 없다는 뜻도 아닙니다. 때로는 주인의 일을 억지로 해야 합니다. 그런데 매일 억지로 한다면, 의미 없는 종노릇일 뿐입니다. 선한 청지기는 주인의 일이 내가 하고 싶던 일과 일치하는 사람입니다.

하나님 일에 부요해진다는 것은?

하나님 일에 부요해지려면 어떻게 해야 할까요? 영원한 것에 삶의 가치를 두며, 영원의 관점에서 이 세상을 사는 훈련을 해야 합니다. 성경은 영원의 관점으로 살아가는 삶을 위하여 두 가지 중요한 교훈을 줍니다.

첫째, 두 주인을 섬길 수 없다, 둘째, 나에게 맡겨진 재물이 '참된 재물'이 되어서 하늘 창고에 보화를 쌓도록 하라입니다. 전자에 관한 가르침은 1장에서 다루었습니다. 사실 돈은 그 자체로는 별 의미가 없습니다. 돈은 기록된 가치일 뿐이지 돈이 곧 부는 아닙니다.

"돈은 자산에 대한 보증, 지불수단, 교환의 도구 이상도 이하도 아니다"(랜디 알콘, 같은 책, 45쪽).

그것은 도덕적으로 중립적인 것입니다. 참된 재물이란 가치중립적인 재물이 참된 재물의 가치를 얻은 것입니다. 하나님께서 가치중립적인 재물을 가치 있는 것으로 만드셨기 때문에 그 효과가 영원히 지속되는 것입니다. 재물이 다른 사람에게 영원한 생명을 주는 데 사용된 것 외에 무엇이 더 참될 수 있을까요?

"진정으로 좋은 일을 하는 것은 '돈을 사용하는 사람'이다. 사람이 도덕적이거나 비도덕적이지 물건은 도덕적으로 중립이다. 돈은 선한 것의 도구이지 선한 것 자체는 아니다. 컴퓨터가 책을 쓸 책임이나 야구 방망이가 홈런을 쳐야 할 책임이 없는 것처럼, 돈이 선한 일을 할 책임이 있는 것은 아니다. 노예를 구입하거나 노예를 때릴 채찍을 사는 데 돈이 사용될 수 있다. 돈으로 성을 살 수도 있고, 판사에게 뇌물을 줄 수도, 마약을 사거나 테러리스트에게 자금을 제공할 수도 있다. 선한 것이 돈이 아닌 사람 안에 있는 것처럼, 악한 것도 돈이 아닌 사람 안에 있다"(랜디 알콘, 같은 책, 46쪽).

재물을 참되게 하는 것이 사람 안에 있다면, 재물을 잘 다루는 문제가 영혼을 잘 다루는 문제와 직결된다는 의미가 됩니다. 재물의 선한 청지기는 영혼의 선한 청지기와 동일시되어야 합니다.

참된 재물은 하늘 창고에 쌓아 두는 보화입니다. 다음 두 구절을 읽어 봅시다.

오직 너희를 위하여 보물을 하늘에 쌓아 두라 거기는 좀이나 동
록이 해하지 못하며 도둑이 구멍을 뚫지도 못하고 도둑질도 못
하느니라 마 6:20

33 너희 소유를 팔아 구제하여 낡아지지 아니하는 배낭을 만들
라 곧 하늘에 둔 바 다함이 없는 보물이니 거기는 도둑도 가까이
하는 일이 없고 좀도 먹는 일이 없느니라 34 너희 보물 있는 곳
에는 너희 마음도 있으리라 눅 12:33-34

영원의 관점에서 사는 사람은 영원한 나라에서 통용되는 화폐/
보물을 위하여 투자합니다. 이 땅의 재물은 오직 이 땅에서만 통용되
며 영원한 나라에서는 아무런 쓸모가 없음을 알고 있습니다. 거지 나
사로와 부자의 비유(눅 16:19-31)에서도 잘 나타나고 있습니다. 영혼
과 재물의 청지기가 이 땅에서 간소한 삶을 살기 위해서는 그들이 이
땅을 순례하면서 가지고 다니는 배낭이 무거워서는 안 됩니다. 진정
한 가치 있는 보물은 이 땅을 순례하며 메고 다니는 배낭이 아니라
하늘에 둔 배낭에 두어야 합니다.

내가 나의 영혼을 잘 관리하고 있다면, 나는 분명히 재물을 사용
하는 태도와 습관에서도 하나님을 기쁘게 하고 있을 것입니다. 물질
사용에서 문제가 있는 사람이 자신의 영혼을 싱그럽게 보전하고 있
을 가능성은 거의 없습니다.

영혼의 청지기는 너무 부하려고도 하지 않으며, 너무 가난한 것도 용납하지 않을 것입니다. 혹 많은 부가 생겨도 부로 인하여 그 영혼을 손상시키지 않을 것이며, 잠시 물질적인 빈곤을 경험해도 곧 정상적으로 회복할 것입니다.

이 세상도, 그 정욕도 지나가되 오직 하나님의 뜻을 행하는 자는 영원히 거하느니라 요일 2:17

생각 나누기

1. 나의 삶을 돌아볼 때 나의 영혼이 하나님의 것이라는 사실을 언제부터 인식하게 되었는지 말해 봅시다. 나의 영혼이 하나님의 것이라는 사실을 잊지 않기 위해서 필요한 것이 무엇일까요?

2. 나의 영혼이 재물에 매여 있게 된 근본적인 원인은 어떤 마음 때문인지 이야기해 봅시다. 그리고 내 마음속에 있는 탐심을 다루기 위해서 가장 먼저 해야 할 일은 무엇일까요?

3. 지금 내가 하고 있는 일이 하나님의 일과 일치하는지 점검해 봅시다. 내가 하고 있는 일이 하나님의 일과 일치하려면 오늘 무엇을 해야 할까요?

Part 3

청지기,
하나님이 공급하심을 안다

7

힘,
매일 공급 받는 만나 훈련을 하라

그러나 내가 나 된 것은 하나님의 은혜로 된 것이니 내게 주신 그의 은혜가 헛되지 아니하여 내가 모든 사도보다 더 많이 수고하였으나 내가 한 것이 아니요 오직 나와 함께하신 하나님의 은혜로라

_고전 15:10

___하나님이 나의 힘이 되어 주신다

힘도 청지기 정신으로 다루어야 할 대상입니다. 사람에게 힘이 있다는 것은 좋은 것입니다. 그런데 힘은 아주 쉽게 남용되거나 허비되어 버립니다. 누구든지 힘이 있으면, 자랑하고 싶고 드러내어 자기를 뽐내고 싶습니다. 그런데 힘을 어떻게 써야 하는가에 대한 배움은 드문 것 같습니다.

제가 잘 아는 훌륭한 목사님의 간증입니다. 이 목사님은 어려서 약한 소아마비를 앓아서 걷는 것이 완벽하지 못합니다. 사춘기를 지나면서 자신의 연약한 부분 때문에 많은 절규를 하였다고 합니다. 기회가 있을 때마다 신유 집회에 참여하였고, 그때마다 허탈감은 더해졌다고 합니다. 목사님은 정말 간절하게 기도했고, 그 기도의 내용은 강해지고 싶은 것이었습니다. "하나님, 나를 강하게 해 주세요"(Lord, make me strong). 그러던 어느 날 기도 중에 하나님의 만지심이 있었습니다. 하나님께서 그 목사님을 강하게 만들어 주신 것이 아니라, "내가 너의 힘이다"(I am your strength)라고 알려 주신 것입니다. 이때 목사님은 하나님과의 관계에서 새로운 지평이 열리는 경험을 하게 되었습니다.

우리는 힘을 내 안에 저장해 놓고, 내가 원할 때 언제든지 내 뜻대로 사용하길 원합니다. 그런데 하나님은 우리에게 필요할 때마다 하나님의 힘을 새롭게 공급해 주시길 원합니다.

> 이제 여호와께서 말씀하시나니 그는 태에서부터 나를 그의 종으로 지으신 이시요 야곱을 그에게로 돌아오게 하시는 이시니 이스라엘이 그에게로 모이는도다 그러므로 내가 여호와 보시기에 영화롭게 되었으며 나의 하나님은 나의 힘이 되셨도다 사 49:5

우리에게 좀 더 친숙한 구절은 시편 18편 1절입니다.

> 나의 힘이신 여호와여 내가 주를 사랑하나이다

그런데 하나님은 왜 우리를 강하게 만들지 않고 우리의 힘이 되어 주기를 원하실까요? 우리가 전적으로 하나님만 의존하게 하기 위해서입니다. 그렇다면, 우리는 한 번 더 질문해야 합니다. 왜 하나님은 우리가 하나님께 의존적이 되도록 하실까요? 우리는 어려서부터 자립적인 삶을 살아야지 의존적이 되어서는 안 된다고 배웠습니다. 그런데 교회에서 배우는 하나님의 요구는 어릴 적부터 배워서 친숙한 내용과 사뭇 다릅니다. 하나님은 우리가 게으르고 무능하여 홀로

설 수 없는 인물이 되길 원하시는 걸까요? 절대 그렇지 않습니다.

《빙점》이란 소설로 평범한 가정주부에서 일약 스타 작가가 된 미우라 아야코는 몹시 허약한 체질이었습니다. 나이 들수록 여러 가지 지병으로 더 약해져서 펜을 들 수조차 없어 남편의 대필에 의존해야 했습니다. 그녀가 쓴 글 중에 "만약 내가 건강했다면 여러 남자 울렸을 것"이라는 말이 있습니다. 그 말에 호기심이 생겨서 그녀의 사진을 검색해 보았는데, 기대와 다르게 그저 평범한 일본 아줌마였습니다. 다소 마르고 지적으로 보이긴 했지만 아무리 보아도 여러 남자 울릴 정도의 미모는 아니었습니다. 하지만 그녀의 말에서 공감되는 점은 있습니다. 사람이 완벽에 가까운 건강을 가지고 있으면 그 건강을 바르게 사용하기보다는 죄짓는 일에 더 많이 사용하게 된다는 사실입니다.

그래서 하나님을 잘 의존할수록 우리는 이웃과 더불어 사는 삶의 현장에서 유익한 인물이 될 수 있습니다. 우리의 자립은 내가 주인이 되는 것이 아니라, 하나님께 의존하는 동시에 하나님의 뜻을 이루기 위해 이웃에게 하나님을 증거하고 그들을 돕는 사명이 균형을 이루는 것입니다.

결정적으로 하나님은 자녀에게 날마다 새로운 힘을 주기 원하십니다. 마치 어머니가 가족을 위해 매일 새로운 밥을 짓듯이, 하나님도 우리에게 날마다 새로운 힘을 공급해 주십니다. 그래서 진정한 영성 훈련은 '만나 훈련'입니다. 만나 훈련은 일용할 양식을 매일 공급 받는 훈련입니다. 출애굽한 이스라엘 백성이 광야에서 하나님으로부터 공급 받은 만나는 매일 하루치만 취할 수 있었습니다. 하루치 이상을 챙겨 봐야 곧바로 썩어서 아무 소용이 없었습니다. 하나님으로부터 매일 힘을 공급 받는 것이 곧 만나 훈련입니다.

우리는 한 번에 많이 취해서 필요할 때 꺼내 쓰고 싶습니다. 일종의 소유욕으로 이 자체는 잘못이 아닙니다. 하지만 하나님은 우리와의 관계가 날마다 새롭게 되기를 원하셔서 매일 힘을 공급하고자 하십니다. 힘은 너무 많이 소유하면 오히려 치명적인 독이 되어서 하나님과 멀어지게 할 우려가 아주 많습니다. 하나님은 매일 당신의 힘을 우리에게 공급하셔서 우리가 하나님께 속한 자이며 그 힘의 청지기임을 깨닫게 하십니다. 그렇게 우리가 청지기임을 확인시켜 주시므로 우리를 보호해 주신다는 사실과 아직도 언약이 유효하다는 점을 깨닫게 해 주십니다.

___ 힘의 청지기, 바울

바울의 인생은 회심 이전과 이후로 나눌 만큼 회심으로 엄청난 변화를 겪었습니다. 바울이 누가 봐도 확연하게 달라진 이유는 그가 열심을 내던 수고의 동기 즉, 자신이 드린 수고의 대가로 받을 것에 대한 기대가 달라졌기 때문입니다. 바울은 회심 이후만 그런 것이 아니라 회심 전에도 아주 열심히 살았습니다. 한마디로 그는 '열심'이

'특심'인 사람이었습니다.

> 내가 이전에 유대교에 있을 때에 행한 일을 너희가 들었거니와
> 하나님의 교회를 심히 박해하여 멸하고 내가 내 동족 중 여러 연
> 갑자보다 유대교를 지나치게 믿어 내 조상의 전통에 대하여 더
> 욱 열심이 있었으나 갈 1:13-14

> 나는 팔일 만에 할례를 받고 이스라엘 족속이요 베냐민 지파요
> 히브리인 중의 히브리인이요 율법으로는 바리새인이요 열심으
> 로는 교회를 박해하고 율법의 의로는 흠이 없는 자라 빌 3:5-6

회심 전의 그는 한마디로 '일낼 사람'이었습니다. 남보다 우월한
평가와 대우를 받지 못하면 견딜 수 없는 사람이었습니다. 그가 고백
한 위의 말씀이 이 사실을 뒷받침합니다.

바울은 지적인 면에서 자기 확신도 매우 강했습니다. 그는 바리
새인의 신학에 근거해 예수는 메시아가 될 수 없다고 확신했습니다.
그는 또한 의지 면에서도 투철했습니다. 옳다고 생각하는 것은 반드
시 행하는 사람이었습니다. 예수는 메시아가 아니라는 것이 그의 확
신이었고, 이 신념을 실천하기 위해 그는 그리스도인들을 잡아 가두
었습니다. 다메섹에 간 것도 이를 위해서입니다. 예루살렘에서 다메
섹까지는 360km가량의 거리입니다. 당시 사람들의 하루 이동 거리

가 40km라면 9일은 족히 걸리는 거리입니다. 바울은 이 거리를 한걸음에 달려갔습니다. 그의 '열심'이 어떠했는지가 분명하게 드러나는 대목입니다.

그런데 바울은 이런 그릇된 자기 열심으로 살 때 영혼이 부대끼는 것을 경험했습니다. 이 부대낌을 외면하자니 삶이 고달팠습니다. 다메섹 도상에서 예수님은 바울이 애써 숨긴 내면의 갈등을 들춰내셨습니다.

> 사울아 사울아 네가 어찌하여 나를 박해하느냐 가시채를 뒷발질하기가 네게 고생이라 행 26:14

바울은 회심 후에도 여전히 열심히 살았습니다. 아니 회심 전보다 더 열심히 살았던 것으로 보입니다. 바울이 회심하기 전의 열심이 100%였다면 회심 후의 열심은 120%라고 할 수 있습니다. 원래의 열심에 회심으로 인한 새로운 동기 부여가 그의 삶을 숭고하게 이끌어갔습니다.

그가 회심한 후 주님과 교회를 섬긴 것을 표현한 단어가 '수고'입니다. 바울은 회심 전에도 열심히 살았지만, 그것을 '수고'라고 표현하지 않았습니다. 그는 회심 후 예수님을 섬기면서 교회를 세우는 자신의 선교적인 삶을 가리켜 '수고'라고 말합니다. 헬라어로는 '꼬삐아오'입니다. 물론 이 단어는 평범한 헬라어입니다. 회심이라는 신학적인 상태를 표현하는 특별한 단어는 아닙니다. 그런데 바울은 회심 이후 그가 열심을 낸 삶의 과정을 '수고'(꼬삐아오)로 표현하고 이 단어를 통해 그는 그의 열심이 자신의 힘이 아니라 하나님이 주시는 특별한 힘으로 수행되었음을 간접적으로 증거합니다. 자신이 강해서 가 아니라, 하나님이 힘이 되어 주셔서 사람이 도저히 할 수 없는 수준의 사역을 완수할 수 있었다고 술회하는 것입니다.

바울은 이처럼 힘의 청지기로 살면서 하나님의 은혜를 확실하게 깨달았습니다. 그가 공급 받은 힘은 자신이 한때 박해자였다는 죄책감을 만회하려는 사람의 의지가 아니었음을 알게 되었습니다. 부족한 자신을 사도로 불러 주심에 감격해서 얻은 힘 이상이었습니다. 이는 오직 자신이 약함을 인정할 때 부어 주신 은혜, 곧 하나님이 그의 힘이 되어 주셨던 간증인 것입니다.

⎯⎯ 은혜는 강함도 약함도 덮어 버린다

바울은 '나의 나 된 것은 하나님의 은혜'라고 고백합니다. 자신이 남보다 혹시 조금이라도 나은 부분이 있다면, 그것은 전적으로 하나님의 은혜였다고 고백하고 있습니다. 한 발 더 나아가 그가 남보다 조금도 나은 것이 없는 철저한 죄인일지라도 그 부끄러움을 덮고 겸허하게 모든 사람들 앞에 그리고 하나님 앞에 설 수 있는 것도 하나님의 은혜라고 고백합니다.

하나님의 은혜는 우리의 어떤 부분도 덮어 버리는 힘이 있습니다. 내가 좀 나은 부분이라고 생각하는 것도 덮어 버리고, 내가 심각하게 부족하고 실패했다고 생각하는 부분도 덮어 버립니다.

우월감과 열등감은 이란성 쌍둥이 같습니다. 이 둘은 아주 다른 모습으로 우리에게 타격을 줍니다. 우월감의 공로의식과 열등감의 죄의식은 정반대처럼 보입니다. 하지만 이 둘의 근원은 같은 데 있는 듯합니다. 따라서 한 가지 방법으로 바로잡을 수 있습니다. 그것은 바로 전적인 하나님의 은혜에 파묻히는 것입니다.

바울은 자신의 열심이 지난날 자신의 잘못을 보상하려는 인간적인 시도가 아니었음을 고백합니다. 이런 시도는 오래가지 못합니다. 바울의 열심은 그 안에 있는 하나님의 은혜 때문입니다. 그 은혜가 그에게 만족을 공급해 준 것입니다. 이 은혜가 그의 수고를 가능하게 했고, 그의 수고를 세상이 어떻게 판단하는지에 연연하지 않게 해 주었습니다. 이 고백에는 나를 받아 주시는 하나님, 나를 덮어 주시는 하나님, 나를 채워 주시는 하나님이 담겨 있습니다.

──── 수고의 보상은 기쁨이다

저는 오랫동안 사람의 수고에는 보상이 있어야 한다고 생각해 왔습니다. 하나님은 공의로우신 분이기 때문에 수고에 보상하실 것이라고 확신해 왔습니다. 물론 하나님의 보상은 인간이 하는 보상과는 차원이 다를 것입니다. 얼마 전 헨리 나우웬의 글에서 '성도가 하나님 안에 있는 보상은 기쁨'이라는 견해와 만났습니다. 저는 많은 부분에서 동의할 수 있었습니다. 성도가 힘의 청지기가 되어서 수고를 하고 수고로부터 자기 공로 의식을 빼내어, 수고가 참 기쁨으로 바뀔 때 하나님의 천국 에너지는 이 세상에 머물러 있게 됩니다.

　　그런데 한 가지 풀리지 않는 의문이 있었습니다. 나름대로 수고를 했고, 그 수고가 나를 위한 것이 아니었는데, 왜 기쁨이 없을까요? 수고에 기쁨의 보상이 없다면, 진짜 수고한 것이 아니라 여전히 '내가' 섞여 있었다고 보아야 하는 걸까요?

> 내가 이것을 너희에게 이름은 내 기쁨이 너희 안에 있어 너희 기쁨을 충만하게 하려 함이라 요 15:11

　　저는 이 문제를 예수님의 기쁨 선언을 통해서 해결할 수 있었습니다. 우리가 기쁠 수 있는 것은 환경이나 나의 성품 때문이 아니라, 예수님께서 자신의 기쁨을 우리 안에 두심으로 우리의 기쁨이 넘쳐나는 것입니다. 우리 안에 있는 예수님의 기쁨이 바로 새로운 힘입니다. 내게 있던 것이 아니라, 새롭게 주시는 예수님의 것입니다. 예수님이 우리 안에 기쁨을 있게 하심으로 우리 기쁨이 충만하게 될 때 우리는 '나의 나 된 것은 하나님의 은혜'라고 고백하게 됩니다.

　　수고의 보상은 기쁨입니다. 그러므로 수고한 것 같은데 기쁨이 없다면 바로 점검해 보아야 합니다. 나의 구체적인 유익을 위해서 일했다면 예외 없이 하나님이 나의 힘이 된 것은 아닐 것입니다. 하나님이 과거에 공급해 주셨던 힘의 여운일 뿐이며, 착각하면서 스스로 행한 부분이 클 것입니다. 하나님이 나의 새로운 힘입니다. 우리는 종종 이전에 받았던 힘과 은혜를 묵혀서 사용하려고 합니다. 새로운 힘을 구하기보다는 이전에 있었던 힘이 아직도 내 안에 충분히 있다고 생각하며 그것을 사용하려고 합니다. 이런 습관이 몇 회만 반복되어도 힘의 청지기가 아니라 힘의 소유자가 되어 버립니다.

수고한 것 같은데 오랫동안 기쁨이 없다면, 나의 힘이 되신 하나님을 새롭게 경험하지 못했기 때문입니다. 나는 가지가 되어서 나무가 공급해 주는 힘으로 일해야 합니다. 매일 그렇게 해야 합니다. 이것이 힘의 청지기의 참된 모습입니다.

생각 나누기

1. 나의 신체 가운데 약한 부분이 있다면 어느 부분인지 말해 봅시다. 그리고 그 신체 부위의 약함이 치유되어 완벽한 건강을 얻었을 때 가장 먼저 하고 싶은 일은 무엇인지 이야기해 봅시다.

2. 하나님은 날마다 새로운 힘을 공급해 주기 원하십니다. 지금 내가 하나님의 힘을 공급 받기 위하여 해야 할 일이 있다면 그 일은 무엇일까요?

3. 나에게 주어진 일을 열심히 했는데 기쁨이 없었던 경험을 이야기해 봅시다. 그리고 기쁨이 없었던 이유가 무엇이었는지 자신의 생각을 나누어 봅시다.

8

자녀,
책임지지 말고 언약을 가르치라

그러므로 이제는 여호와를 경외하며 온전함과 진실함으로 그를 섬기라 너희의 조상들이
강 저쪽과 애굽에서 섬기던 신들을 치워 버리고 여호와만 섬기라
_수 24:14

──── 누구나 하나님과 깨진 관계로 태어난다

사람은 중요한 약속이 일방적으로 깨질 때 큰 상처를 받습니다. 일정한 임금을 약속 받고 열심히 일했는데 때가 되어도 약속한 임금을 주지 않는다면 마음에 심한 상처를 받게 됩니다. 이는 우리 주변에서 찾을 수 있는 사례 중에 일방적으로 약속이 깨진 경우입니다. 성경 속 인물 중에는 야곱이 그런 일을 당했습니다. 부부지간에도 마찬가지입니다. 서로 약속을 맺고 부부가 되었는데 한쪽 배우자가 일방적으로 그 약속을 깨뜨리고 이혼을 할 경우 다른 배우자는 사람이 받을 수 있는 스트레스 중에서 가장 높은 수치의 스트레스를 받는다는 보고서가 있습니다. 이처럼 우리는 약속이 일방적으로 깨질 때 큰 상처를 입습니다.

이런 상황에 비추어 볼 때 하나님은 우리 때문에 큰 상처를 입으셨을 것입니다. 그것은 성경의 첫 번째 이야기에서 유추할 수 있습니다. 하나님은 세상을 하나님의 뜻대로 창조하시고 하나님의 질서를 세우셨습니다. 그리고 에덴동산에 아담과 하와를 만드시고 그들과 약속을 했습니다. 그런데 아담과 하와는 그 약속을 일방적으로 깨뜨렸습니다.

성경에 하나님이 상처를 받았다는 문구는 없습니다. 표현만 보면 오히려 하나님께서 화가 나신 것 같습니다. 창세기 3장에 에덴동산 밖으로 인간을 내쫓고 다시는 돌아올 수 없도록 에덴동산을 봉쇄하시는 내용이 있습니다. 그래서 하나님의 진짜 마음속에는 깊은 상처가 있을 것으로 짐작됩니다.

그 후에 하나님은 새로운 계획을 세우시고 그 계획에 따라 또 다른 약속을 세우셨습니다. 그리고 우리 인간이 하나님과 바른 관계를 맺을 수 있도록 이끌어 오셨습니다. 이것을 구속의 역사라고 말합니다. 영어로는 'redemptive history'(되찾아오는 역사)라고 하며, 하나님께서 원래 해둔 것을 잃어버렸다가 되찾아오시는 역사라는 의미입니다.

창세기의 사건으로 인해 사람은 누구나 하나님과 깨어진 관계의 유산을 받고 태어납니다. 이는 태어날 때부터 하나님을 알고 태어나지 않는다는 뜻입니다. 대부분의 사람들은 자신의 인생을 통해 하나님이 아버지임을 배워 가야 합니다. 그래서 특별한 사건 없이 자연스럽게 성장한 경우 하나님을 나의 구주와 주님, 아버지로 인정하는 것이 거의 불가능합니다. 아마도 가장 축복된 출생이 있다면 그것은 예수님을 잘 믿는 조부모와 부모님이 있는 가정에서 태어나는 것일 겁니다. 하지만 그런 가정에서 태어난 경우에도 성인이 된 후에 방황하는 것을 종종 보게 됩니다.

——자녀의 청지기로 사는 것은 어렵다

자녀들이 처음부터 하나님의 존재를 깨닫고 하나님을 알면서 자라나지 못하기 때문에 부모인 우리는 자녀에 대해 청지기의 사명을 가지고 있습니다. 자녀들이 하나님의 백성으로 잘 자라고, 하나님의 일꾼으로 세워질 수 있도록 해야 하는 것입니다. 하나님이 맡겨 주신 자녀를 하나님의 뜻대로 양육하는 청지기가 되겠다는 결단이 바로 유아세례입니다. 믿음의 가정에서 태어난 자녀를 믿음으로 양육하겠다는 결단으로 어린 자녀에게 유아세례를 주는 것입니다.

부모가 유아세례를 받으면서 '이 아이는 하나님의 것입니다. 내 것이 아닙니다. 내가 하나님의 청지기로서 이 아이를 잘 키워서 하나님의 것으로 세우겠습니다'라고 결단하고 온 교회와 힘을 합해 자녀를 양육한다는 점에서 유아세례는 그 의미를 더 많이 강조해야 한다고 생각합니다.

만약 부모나 조부모가 자녀에 대해 청지기라면 우리는 청지기의 세 가지 기둥을 기억해야 합니다. 그것은 자녀가 하나님의 것이며, 하나님의 뜻이 자녀에게 있으며, 하나님이 자녀의 청지기에 대하여 셈할 때가 있다는 것입니다. 부모는 하나님을 향한 신앙을 자녀들에게 가르쳐야 할 책임이 있는 것입니다.

그런데 자녀의 청지기가 되는 일은 참 어렵습니다. 우리 자신이 먼저 영혼과 재물, 재능의 청지기로서 충실하게 살고 있을 때 자녀의 청지기도 될 수 있기 때문입니다. 우리가 온전해지지 않고서는 자녀에게 하나님을 가르칠 수가 없습니다. 자녀의 청지기로 사는 것이 쉽지 않은 이유입니다.

자녀의 청지기로 사는 삶에는 공식도 없습니다. 부모의 믿음이 좋다고 자녀의 믿음도 좋은 것은 아니기 때문입니다. 또 자녀의 믿음이 온전하지 않다고 부모의 믿음이 약한 것도 아닙니다. 하지만 분명한 것은 우리에게 자녀의 청지기로서 받은 사명이 있다는 사실입니다. 그 사명 중에서 가장 중요한 것은 바로 자녀에게 언약을 가르치는 것입니다. 하나님은 우리와 언약을 맺었고 그 언약을 우리 자녀에게 전수해 주기를 원하십니다. 이것이 자녀의 청지기로서 받은 사명을 완수하는 중요한 맥입니다.

언약은 성경 전체를 관통하는 큰 주제입니다. 또한 하나님 나라와도 연결되어 있는 주제입니다.

___다음 세대에 언약을 대물림하라

성경에는 '아브라함의 하나님', '이삭의 하나님', '야곱의 하나님'이라는 말이 등장합니다. 이는 아브라함의 하나님이 이삭의 하나님이 되고 이삭의 하나님이 야곱의 하나님이 되는 것을 말합니다. 아버지가 아들에게 하나님을 물려주는 것처럼 보입니다. 사실은 혈통을 따라 하나님을 물려주는 것이 아니고 하나님과 맺은 언약을 그 자녀에게 대물림한다는 의미입니다.

이 언약의 핵심은 하나님과 우리의 관계입니다. 하나님은 우리의 아버지가 되고, 우리는 하나님의 자녀가 되는 것, 이것이 언약의 핵심입니다. 하나님은 그 언약을 자신의 맹세로써 보증하셨습니다. '내가 이 약속을 깨뜨리지 않겠다'(시 89:34)고 약속하셨습니다.

하지만 우리는 하나님과의 언약을 지키지 못할 때가 많습니다. 만일 우리가 언약을 지키지 못했을 때 하나님마저 그 약속을 파기해 버리신다면 우리는 아마 이 땅에서 살아남을 방법이 거의 없을 것입니다.

구약에서 하나님은 크게 네 가지 언약을 맺으셨습니다. 노아, 아브라함, 모세, 다윗과 맺은 언약이 그것입니다.

노아와 맺은 언약의 핵심은 '내가 다시는 물로 벌하지 않겠다'(창 9:11-13)입니다. 이는 인간이 아무리 많은 죄를 지어도 인간을 동시에 다 처벌하는 홍수는 이제 없을 것이라는 뜻입니다. 이 안에 하나님의 은혜가 담겨 있습니다. 실제로 이후 인간은 노아의 시대 못지않은 죄악을 범했지만 하나님은 오래 참으셨습니다. 아브라함과는 그 자손들과 더불어 아버지와 자녀의 관계를 맺겠다고 약속하셨습니다. 모세와는 십계명을 주시면서 하나님의 자녀로서 살아가는 길이 어떤 것인지를 좀 더 구체적으로 보여 주셨습니다. 다윗과는 하나님의 왕권, 하나님의 통치가 이 세상에 어떻게 임하는가를 보여 주셨습니다.

여호수아가 이스라엘 모든 지파를 세겜에 모으고 이스라엘 장

로들과 그들의 수령들과 재판장들과 관리들을 부르매 그들이

하나님 앞에 나와 선지라 수 24:1

여호수아가 '세겜'이라는 곳에 이스라엘 백성들을 불러 모았습니다. 여호수아가 이렇듯 고별설교를 통해 하나님의 언약을 새롭게 상기시키는 모습은 여호수아서 23장에도 나옵니다. 23장에는 '실로'라는 곳에서 언약을 맺고 있습니다. 그러나 24장의 세겜 언약이 중요한 것은 이스라엘 백성 전체에게 하나님의 약속을 갱신, 새롭게 하는 것이었기 때문입니다.

여호수아는 백성을 세겜에 모은 뒤 하나님의 언약을 갱신하면서 이제 새로운 시대가 열렸음을 선포했습니다. 후대에 물려줘야 할 신앙의 핵심은 나와 하나님의 관계인 언약을 물려주는 것인데 여호수아가 바로 그 일을 하고 있는 것입니다. 우리에게 맡겨진 사명, 자녀의 청지기로서 해야 할 사명의 핵심은 다음 세대에게 어떻게 하나님의 언약을 전달해 주는가에 있습니다.

여호수아는 자녀 교육에 혈안이 된 우리 시대를 향하여 중요한 교훈을 주고 있습니다. 다음 세대가 부족한 것 없이 풍족한 환경에서 자라 선택권이 넓어질 때 그 선택권 안에는 하나님을 선택하지 않을 권리도 포함되어 있다는 사실을 주목해야 합니다. 여호수아는 그 시대가 다가오고 있음을 통감하였고, 그래서 여호와와 맺은 언약만큼은 다음 세대가 자라서 지키고 살 수 있도록 지금 세대가 유산으로

물려주어야 한다고 경고한 것입니다.

오늘 우리 자녀를 향한 우리의 마음도 비슷하지 않습니까? 갈수록 신앙생활을 제대로 하기가 어려운 환경이 되고 있습니다. 그래서 자녀의 청지기가 된다는 것은 마치 전투와 같습니다.

전투 상황과 같은 이때에 우리가 집중해야 할 일은 가장 중요한 것을 붙잡는 것입니다. 가장 중요한 것을 붙들고 집중하는 모습을 내 삶으로 보여 줄 때 자녀는 하나님의 언약 가운데 바로 설 수 있습니다. 그래서 여호수아는 언약을 붙들라고 말합니다. 그리고 언약이 무엇인지를 설명해 줍니다. 이 언약의 내용을 우리도 꼭 알아야 합니다. 이 언약의 내용은 성경 전체를 관통하는 아주 중요한 맥입니다.

언약은 하나님과 인간이 맺은 것입니다. 하나님과 인간이 약속을 맺으면서 하나님은 인간들의 아버지가 되어 주기로 약속하신 것이고, 인간은 하나님을 자기의 왕이요 주인이요 아버지로 섬길 것을 약속한 것입니다.

이때 하나님께서 인간에게 두 가지를 제공해 주십니다. 첫째는 자기 백성들을 보호하시는 것이고, 둘째는 그들을 위해 공급해 주시는 것입니다. 그래서 성경은 자녀인 우리에게 하나님을 향하여 두 가지를 해야 한다고 권면합니다. 첫째는 하나님만을 섬기는 것이고, 둘째는 하나님의 영역을 이 땅에서 더 넓게 펼치는 것입니다. 즉 이 땅을 하나님의 권능으로 정복하는 것입니다. 이 두 가지가 잘 이루어질 때 언약 관계는 온전히 이뤄지고 있는 것입니다.

하나님은 자녀를 보호하신다

혹시 신앙생활을 하는 이유가 하나님이 우리의 필요를 채워 주시기 때문입니까? 아마 많은 사람들이 부정적인 대답을 하고 싶을 것입니다. 하지만 원초적인 이유를 따져 보면 나의 필요를 하나님이 채워 주시기 때문에 하나님을 믿는다고 보는 것이 옳습니다. 반대로 만일 하나님이 내 필요를 전혀 채워 주시지 않는 분이라면 신앙생활을 왜 해야 합니까? 선뜻 대답하기 어려울 것입니다.

어떤 사람들은 하나님께 나의 필요를 요청하는 것이 기복주의 신앙이라고 말합니다. 하지만 이렇게 말하는 사람들의 대부분은 신앙생활을 고상하게 하는 것 같으나 내면을 들여다보면 신앙의 열정이 없습니다.

여기서 주의할 점은 내가 원하는 방식으로 내가 원하는 때에 하나님께서 주시도록 요구할 권한이 나에게는 없다는 것입니다. 우리의 신앙은 그저 하나님께 우리를 보호해 달라고 요청하는 것입니다. 하나님은 그렇게 요청하는 우리를 보호해 주십니다. 우리를 보호해 주시는 방법이 내가 생각하는 방식과 다를 수 있습니다. 내가 하나님을 잘 몰라서 이해가 잘 안 되는 것입니다.

하나님이 우리를 보호해 주시는 대표적인 방식이 까마귀 보호, 독수리 보호, 울타리 보호입니다. 까마귀 보호는 내가 필요한 것을 아주 특별한 방법으로 공급해 주시는 것입니다. 우리는 이것을 기적이라 부르고 이런 일들을 말하는 것을 간증이라고 합니다. 그런데 하나님은 때로 정반대 상황도 만드십니다. 우리를 어려운 상황에 몰아 넣는 것입니다. 그것이 바로 독수리 보호입니다. 한편, 울타리 보호는 하나님이 가장 많이 사용하시는 방법입니다. 욥기에서 시험하는 자가 욥이 왜 그토록 하나님께 충성하는지 그 이유를 자기 나름대로 분석하여 하나님께 따집니다.

> 주께서 그와 그의 집과 그의 모든 소유물을 울타리로 두르심 때문이 아니니이까 주께서 그의 손으로 하는 바를 복되게 하사 그의 소유물이 땅에 넘치게 하셨음이니이다 욥 1:10

이 말씀에서 우리는 하나님이 욥에게 울타리 보호 방식을 사용하셨음을 알 수 있습니다.

우리의 자녀가 하나님의 자녀라고 믿고 우리가 자녀의 청지기라는 사실을 고백한다면 하나님께서 우리의 자녀를 울타리로 보호해 주심을 기억해야 합니다. 오늘날 많은 부모들의 문제는 자녀의 문제에 너무 빨리 개입하는 것입니다. 하나님의 울타리 보호를 무시하고 속히 내 방식대로 보호하려는 것입니다. 더구나 자녀를 보호하는 우리의 방식은 대개 통제입니다.

소유하지 않고 즐기는 방법을 배우면 인생이 참 행복하다는 얘기를 들었습니다. 말 그대로 내가 갖지 않았는데 그것을 즐기는 법을 배우면 행복할 것 같습니다. 자녀를 양육하면서도 비슷한 상황이 있습니다. 부모로서 자녀를 키울 때보다 손자 손녀를 키울 때가 더 재미있다고 합니다. 왜냐하면 일차적인 책임이 부모에게 있기 때문입니다.

영적인 눈으로 보면 자녀들에 대한 일차적 책임은 하나님께 있습니다. 그리고 하나님은 언약에 의해서 언약된 백성들을 보호해 주십니다. 예수님은 "구하라 그리하면 너희에게 주실 것이요 찾으라 그리하면 찾아낼 것이요 문을 두드리라 그리하면 너희에게 열릴 것이니"(마 7:7)라고 하셨습니다. 원문을 정확히 읽으면 '구하라 그리하면 이것들을 주실 것이요'입니다. 구하는 그것을 주시는 것이 아니라 하나님이 계획한 '이것들을' 주신다는 말씀입니다. 이것이 울타리 보호의 중심적인 가르침입니다. 신명기도 "너를 낮추시며 너를 주리게 하시며 또 너도 알지 못하며 네 조상들도 알지 못하던 만나를 네게 먹이신 것은 사람이 떡으로만 사는 것이 아니요 여호와의 입에서 나오는 모든 말씀으로 사는 줄을 네가 알게 하려 하심이니라"(신 8:3)고 하나님의 보호에 대해 가르치고 있습니다.

___ 하나님은 필요를 공급하신다

하나님은 우리를 보호하실 뿐만 아니라 우리의 필요를 공급해 주십니다. 우리가 진정으로 자녀의 청지기가 되면 하나님께서 자녀의 필요를 공급해 주심을 발견하게 됩니다. 뿐만 아니라 우리가 자녀의 청지기로서 사명을 감당할 때 필요한 모든 것도 하나님께서 공급해 주십니다. 하나님이 공급자라는 사실을 아는 것, 이것이 청지기 정신의 꽃입니다.

그런데 하나님은 어떻게 공급하십니까? 하나님은 아브라함과 언약하실 때 네 백성이 하늘의 별과 같고 땅의 모래와 같이 많아질 것이라고 말씀하셨습니다. 그 후 "그들이 섬기는 나라를 내가 징벌할지며 그 후에 네 자손이 큰 재물을 이끌고 나오리라"(창 15:14)고도 하셨습니다. 이스라엘 백성이 이집트로 내려가서 400년간 종살이할 것을 미리 알려 주는 동시에 그들이 애굽에서 나올 때 큰 재물을 가지고 나올 것이라고 약속하신 것입니다.

> 35 이스라엘 자손이 모세의 말대로 하여 애굽 사람에게 은금 패물과 의복을 구하매 36 여호와께서 애굽 사람들에게 이스라엘 백성에게 은혜를 입히게 하사 그들이 구하는 대로 주게 하시므로 그들이 애굽 사람의 물품을 취하였더라 출 12:35-36

하나님의 약속이 성취된 말씀입니다. 열 번째 재앙 후 그토록 완악했던 바로가 드디어 두 손을 들고 제발 애굽에서 나가 달라고 사정을 합니다. 애굽 사람들도 이스라엘 백성을 하루 속히 내보내려고 그들이 달라는 대로 거저 줍니다. 이스라엘 백성은 이때 광야생활에 필요한 자원을 충분히 들고 나올 수 있었습니다.

하나님의 백성은 비록 세상에 눌려 살더라도 그 세상에서 나올 때는 그들로부터 필요한 것을 반드시 받아 나오게 됩니다. 신명기에도 이와 같은 맥락의 말씀이 나옵니다.

> 네 하나님 여호와를 기억하라 그가 네게 재물 얻을 능력을 주셨음이라 이같이 하심은 네 조상들에게 맹세하신 언약을 오늘과 같이 이루려 하심이니라 신 8:18

자녀를 하나님의 청지기로 키우십시오. 아무리 예쁘고 귀해도 그 자녀, 그 손주는 내 것이 아닙니다. 하나님이 나에게 맡기신 것입니다. 성경은 하나님이 나에게 맡기신 소명을 잘 감당하기 위해서 "그런즉 너는 내 언약을 지키고 네 후손도 대대로 지키라"(창 17:9)고 교훈합니다. 이것이 주님의 명령이고 요청입니다. 우리는 이 명령을 따라서 다음 세대를 예수님의 생명으로 키워야 합니다.

우리는 습관적으로 하나님의 공급을 잊어버리거나 인정하지 않습니다. 하나님의 공급하심에 너무나 무지하기 때문입니다. 많은 부모가 자녀가 제대로 돈벌이도 못하고 살까 봐 걱정을 합니다. 심지어 장성해서도 내가 벌어 먹이겠다고 생각하는 사람도 있습니다. 하지만 성경은 자녀의 인생을 책임지라 하지 않고 언약을 가르치라 합니다. 보호하시는 하나님, 공급하시는 하나님을 내 삶으로 경험하고 그것을 말씀과 함께 가르치라 합니다. 언약을 삶으로 가르치고 전수하는 것, 이것이 자녀의 청지기로 살아가는 모습입니다.

한 발 더 나아가 우리는 하나님의 공급 이외에 딴 주머니를 차고 싶어 합니다. 하나님의 공급을 통해 다 채워지면 좋겠지만 내가 원하는 때에 내가 원하는 양이 내가 원하는 방법으로 오지 않으면 그다음에 어떻게 합니까? 재빨리 내 힘으로 채우고 싶어 합니다. 내 주머니가 차 있으면 안심이고 내 주머니가 비워 있으면 걱정합니다. 자녀가 우리의 이런 모습을 보고 자란다면 하나님의 언약이 전수되기 어렵습니다.

진정한 하나님의 사람, 진정한 하나님의 종은 자신의 필요가 하나님께로부터 온다는 사실을 알고 그 언약을 지키며 사는 사람들입니다. 하나님의 언약은 우리가 있는 그대로 붙들어야 할 우리의 소망입니다.

___지금 세대의 책무

하나님은 언약 백성에게 두 가지를 요청하십니다. 첫째는 여호와만을 섬기라, 둘째는 하나님의 영역을 확장하라입니다.

여호수아서 24장을 읽어 보면 가장 많이 나오는 단어가 '섬김'입니다. 하나님을 섬기고 하나님을 주인 삼으라는 것입니다. 이 언약의 핵심을 요약하면, 하나님만이 나의 공급이시고 하나님만이 나의 보호라는 사실을 철저히 알고 살아가는 것이 바로 '섬김'이라는 것입니다. 요즘에는 섬김이라는 말을 너무 흔하게 사용합니다. 영어식 표현으로 "May I help you?"(내가 뭘 섬겨 드릴까요?)가 됩니다. 이렇게 보면 섬긴다는 것이 아주 간단해 보입니다. 하지만 성경에서 말하는 '섬김'은 그렇게 쉬운 일이 아닙니다. 하나님과의 언약 관계에 충실하겠다는 자기 선언이기 때문입니다.

그리고 '남은 땅을 정복하라(하나님의 영역을 확장하라)'는 그 자리에 머물러 있지 말라는 뜻입니다. 하나님의 영역을 넓히지 않으면 필연적으로 세상에 안주하게 됩니다. 안주의 결과는 세상과 섞이는 것입니다. 하나님은 우리가 세상에 안주해서 세상과 섞이는 것을 대단히 싫어하십니다. 영혼이 가진 방향 감각이 세상과 뒤섞이면 갈 길을 잃어버립니다. 삶은 산만해지고 혼돈에 빠집니다. 그 즉시 방황과 교만, 낙심을 낳게 됩니다. 이 세 가지는 우리를 하나님으로부터 멀어지게 만드는 주범입니다. 그래서 하나님은 세상과 우리가 다시 섞인다면 돌이킬 기회를 주지 않겠다고 엄중하게 선언하셨습니다.

여호수아서는 여호수아를 여호와의 종이라고 부르고 있습니다. 그런데 그 이유가 여호수아가 살아 있는 동안 사람들로 하여금 여호와를 섬기게 하였기 때문이라고 합니다. 여호와의 종이 누구인지를 설명하고 있는 것입니다.

우리가 자녀의 청지기가 된다는 것은 우리가 살아 있는 동안 자녀로 하여금 하나님을 잘 섬기도록 책임을 다하는 것입니다. 이 책임은 부모 혹은 가족에게만 있는 것이 아니라 언약 공동체인 교회에게도 있습니다. 교회 역시 자녀의 청지기로서 가져야 할 책임이 있는 것입니다.

혹시 자녀가 신앙생활을 제대로 하고 있지 않습니까? 실망하지 마십시오. 언약은 전수됩니다. 다만 하나님의 언약 가운데 머물면서 계속 언약을 붙들고 있으면 됩니다. 하나님의 보호하심과 하나님의 공급하심이 내 삶에서 이뤄지는 것을 보여 줄 때 언약은 자녀에게 전수됩니다. 내가 정말 전심으로 하나님을 섬기면서 살았고, 안주하지 않고 하나님의 영역을 확장하는 일에 드려지는 삶을 살았다면 언약은 반드시 다음 세대에 전수될 것입니다. 우리의 자녀는 우리의 것이 아닙니다.

1. 나 역시 깨어진 관계를 물려받고 태어났다는 사실이 믿어집니까? 나는 어떻게 예수님을 만났는지 이야기를 나누어 봅시다. 그리고 나의 자녀에게 예수님을 어떻게 가르치고 있는지 이야기해 봅시다.

2. 나의 가족이 자녀를 보호하기 위해 가장 많이 사용하는 방법은 무엇입니까? 하나님의 방법과 비교했을 때 어떤 방법이 자녀를 보호하기에 더 좋은 방법입니까?

3. 지나간 나의 삶 속에서 하나님의 울타리 보호를 찾아봅시다. 하나님께 간절하게 구했던 기도 제목 가운데 하나님의 때에 하나님의 방법대로 응답해 주신 경험을 나누어 봅시다.

약속하신 것을
하나도 빼놓지 않고
보상하시는 하나님을
섬기는 나는 행복하다
- 존 캘빈

9

자유,
사랑의 종이 되기 위해 쓰라

형제들아 너희가 자유를 위하여 부르심을 입었으나 그러나 그 자유로 육체의 기회를 삼지
말고 오직 사랑으로 서로 종노릇하라
_갈 5:13

─── 성경의 큰 그림

잃어버린 것을 다시 찾는다면, 그것은 덤이라고 볼 수 있습니다. 잃어버린 것을 되찾을 가망이 없어서 포기했다가 다시 찾았기 때문입니다. 이 말에는 덤은 내 것이라고 주장할 수 없다는 의미를 포함합니다. 뿐만 아니라 또다시 잃어버리지 않도록 더 소중히 다루겠다는 다짐을 포함하고 있습니다.

저희 부부의 결혼 예배 때 이야기입니다. 피로연 시간에 장인어른의 특별한 인사가 있었습니다. 1966년 서울역에서 당시 네 살이던 제 아내를 잃어버려서 눈앞이 캄캄하고 정신이 혼비백산했던 당시의 경험을 술회하셨습니다. 이후로 다시는 잃어버리지 않으려고 정말 고이 키운 제 아내를 신랑이 잘 간직해 달라고 당부했습니다.

그때 재기발랄한 사회자가 한마디 해서 모두 크게 웃었습니다.

"한 번 잃어버린 경험이 있으니, 시집보내도 덜 서운하시겠습니다."

성경은 인간이 잃어버린 중요한 것이 있으며, 이를 되찾아야만 한다고 교훈합니다. 인간은 구원을 받음으로 잃어버린 것을 되찾게 되는데 이를 되찾은 후에는 두 가지 자세가 필요합니다. 우선 되찾은 것은 덤이므로 내 것이라고 주장하지 않는 자세를 가져야 합니다. 그리고 또다시 잃어버리지 않도록 소중하게 여기는 자세를 가져야 합니다.

소중한 것을 되찾은 경우 그것이 아무리 소중해도 고이 보관만 해서는 안 됩니다. 오히려 더 잘 '사용'해야 한다는 역설에 친숙해져야 합니다. 그렇다면 우리가 잃어버렸다가 예수 안에서 구원 받음으로 되찾은 것은 무엇일까요?

성경은 우리에게 단순히 구원 받기 위한 매뉴얼을 제시하는 것이 아닙니다. 성경은 하나님의 구원 계획이 펼쳐진 역사를 제시합니다. 이 역사는 크게 다섯 가지 주제를 펼치고 있는데, 그것은 창조, 타락, 회복, 성취, 완성입니다. 따라서 우리는 우리의 과제들을 이 틀 안에서 살펴봐야 하고 그럴 때 하나님이 가지고 계신 큰 그림에 접근할 수 있습니다.

하나님께서 우리를 부르신 소명(구원)은 나 혼자 천국에 가는 것으로 끝나지 않습니다. 하나님은 우리를 하나님의 구속 사역 안으로 초대하여서 하나님의 일에 동참하도록 하셨습니다. 이렇게 성경을 보는 관점을 구속사적 접근이라고 합니다.

성경이 하나님의 구속 사역을 펼쳐 보일 때 가장 많은 분량을 할애한 것이 '회복'입니다. '성취'도 회복의 일부분으로 볼 수 있습니다. 인간이 죄를 지은 직후부터 하나님의 회복 계획이 시작되었으며, 이는 언약을 통하여 하나님과 인간의 관계를 회복시키는 것이었습니다. 따라서 언약은 구속사의 핵심 요소이며, 그 내용은 하나님과의 관계 회복에 집중되어 있다고 볼 수 있습니다.

성경의 중요한 인물들인 노아, 아브라함, 모세와 수많은 선지자들이 이 임무를 수행하였습니다. 결국 예수님이 십자가를 지고 부활하심으로 이 모든 회복의 과정이 일단락됩니다. 이후 성도는 예수님 안에서 이미 이루어진 회복을 가지고 아직 완성되지 못한 세계를 향하여 순례하게 되는데, 이 기간을 살아가는 하나님의 자녀들이 갖게된 정체성이 바로 청지기입니다.

구속사의 핵심이 회복이란 사실은 다음의 명제를 분명하게 제시합니다. 우리는 죄로 인하여 잃어버린 것이 있는데, 그것을 예수 그리스도 안에서 되찾아, 완성에 이를 때까지 더욱 잘 사용하여서 주인의(예수님의) 목적을 이루는 것입니다. 이것이 구속사의 큰 그림에서 본 청지기의 본분입니다.

사실 모든 인생에는 회복할 것이 많습니다. 자세히 들여다볼수록 회복할 것이 자꾸 발견됩니다. 우리가 무엇을 잃어버렸는지 그리고 이것들을 어떻게 되찾을 수 있는지를 알려면 구속사로 성경을 보는 눈을 키워야 하며, 특히 창조 때 하나님께서 무엇을 인간에게 주셨는지 또 우리는 이런 귀한 것을 어떻게 잃어버렸고 그 결과는 무엇이었는지를 숙지해야 합니다.

죄로 인해 잃어버린 것

하나님께서 우리 속에 두신 중요한 것을 우리가 잃어버렸습니다. 하나님 편에서 보면 우리 안에 두신 그것이 없어짐으로 우리의 존재 의미가 사라져 버린 것입니다. 이것을 인간 입장에서 다시 말하면 하나님을 잃어버린 것입니다.

하나님은 세상을 지으시며 날마다 보기에 좋았다고 하셨고, 여섯째 날에 인간을 지으시고는 보기에 심히 좋았다고 하셨습니다. 인간 속에 무엇이 있기에 그리도 좋으셨을까요? 여섯 째 날에 대한 기록은 창세기 1장 26절에서 시작되어 31절에서 끝납니다. 창세기 1장 26-27절은 다음과 같습니다.

> 26 하나님이 이르시되 우리의 형상을 따라 우리의 모양대로 우리가 사람을 만들고 그들로 바다의 물고기와 하늘의 새와 가축과 온 땅과 땅에 기는 모든 것을 다스리게 하자 하시고 27 하나님이 자기 형상 곧 하나님의 형상대로 사람을 창조하시되 남자와 여자를 창조하시고

여기서 하나님은 '우리'라는 단어를 사용하십니다. '우리'라는 단어가 세 번이나 반복되는데 전통적인 해석은 이를 삼위 하나님께서 창조 사역을 함께하셨다고 봅니다. 이렇게 인간은 삼위 하나님의 모양과 형상을 따라 창조되었기 때문에 삼위 하나님께서 보시기에 심

히 좋았습니다. 이런 인간에게 하부 피조물들을 다스리도록 하셨습니다. 결국 하나님께서 보시기에 좋았다는 말은 하나님의 통치권이 모든 피조물에게까지 이르도록 창조한 계획이 심히 좋았다는 선포입니다.

따라서 인간이 타락과 함께 상실한 것은 하나님께서 보시기에 심히 좋았던 두 가지였다고 해석할 수 있습니다. 첫째, 하나님의 모양과 형상이 파괴된 것이고 둘째, 통치권의 남용으로 인하여 통치자의 자리에서 통치를 받는 대상으로 강등된 것입니다. 구속사의 틀에서 '회복'이란 이렇게 잃어버린 것을 되찾는 필연적인 과정으로 등장합니다.

하나님의 모양과 형상이 구체적으로 무엇을 의미하는가를 규명하는 것은 쉽지 않습니다. 그리고 아담이 어느 수준으로 하나님의 모양과 형상을 가지고 있었는지도 확정하기 어렵습니다. 다만 이 모양과 형상 속에는 하나님이 세상을 위하여 만들어 놓은 질서가 있었고, 그것을 즐기고 통치하는 권한 곧 자유가 있었던 것은 분명합니다. 왜냐하면, 성경은 인간이 타락과 함께 잃어버린 것을 다시 찾는 것을 '해방'이라고 표현하기 때문입니다. 즉 '해방'이란 노예 상태로부터 벗어나는 것을 의미하기 때문에 자유를 되찾는 것이라고 볼 수 있습니다.

하나님께서는 인간에게 경배 받기 원하셨고 이는 반드시 인간의 자발적인 결정과 진정한 마음을 담아 온전함으로 하여야 마땅한 것이었습니다. 따라서 처음 인간에게 주셨던 하나님의 모양과 형상에는 하나님의 질서를 지키며, 특히 하나님을 전심으로 경배할 수 있는 자유가 있었던 것이 분명합니다.

인간은 누구나 자유를 원합니다. 육체뿐만 아니라 영혼도 얽매여 노예화되는 것을 거부합니다. 21세기를 살아가는 사람 중에 자유가 없는 통제 사회에서 사는 것을 선택할 사람은 아무도 없을 것입니다. "자유가 아니면 죽음을 달라"는 말에 모두가 동감할 것입니다. 영국의 미국 식민지에 대한 탄압이 거세지자 미국의 혁명 세력이 민병대를 조직하기로 했습니다. 1775년 3월 23일, 버지니아 식민지 협의회는 세인트존 교회에서 민병대를 조직하기 위한 중대한 모임을 갖고 있었습니다. 여러 사람이 발언했지만 의견이 분분하여 뜻이 모아지지 않고 있었는데 그때 나선 사람이 패트릭 헨리(Patrick Henry)입니다. 그는 독립을 위해 싸우자고 주장하면서 이 말을 했습니다. 이 선언은 미국이 영국으로부터 독립 전쟁을 할 때 전 국민을 하나로 묶은 구호가 되었습니다. 아마도 모든 사람들의 가슴에 담긴 바람이요 외침이었기 때문에 전 국민이 공감하지 않았나 합니다.

이처럼 인간은 자유를 갈망합니다. 그리고 그리스도인은 영혼의 자유를 더욱 소중하게 생각합니다. 육체의 죄는 육체의 자유를 상실하게 하고, 영혼의 죄는 영의 자유를 속박합니다. 그 자유를 찾는 것은 하나님의 영광을 보는 것입니다.

성도에게 자유가 주어질 때 성도는 이 자유를 선한 청지기 정신에 입각하여 사용해야 합니다. 성도가 얻은 자유는 '소중한 덤'입니다. 따라서 내 것이라고 착각하여 방종하면 안 됩니다. 반대로 보관함에 넣어 두어서 다시는 잃어버리지 않도록 간직하려 해서도 안 됩니다. 매일의 삶에서 적극적으로 사용하되 그 용례에 맞게 조심스럽게 써야 합니다.

> 1 그리스도께서 우리를 자유롭게 하려고 자유를 주셨으니 그러므로 굳건하게 서서 다시는 종의 멍에를 메지 말라… 13 형제들아 너희가 자유를 위하여 부르심을 입었으나 그러나 그 자유로 육체의 기회를 삼지 말고 오직 사랑으로 서로 종노릇하라 갈 5:1, 13

갈라디아서 5장 1절과 13절은 청지기로서 자유를 사용하는 우리의 자세에 대해 소중한 교훈을 주고 있습니다.

첫째, 자유는 우리가 잃어버렸던 너무나 소중한 것인데, 그리스도께서 다시 찾아 주셨다는 것입니다. 이는 "그리스도께서 우리를 자유롭게 하려고 자유를 주셨다"(갈 5:1상)는 선포에 분명하게 나타납니다. 흥미로운 해석 하나를 소개하면, 헬라어 성경에는 명사 '자유'에 관사가 붙어 있는데 이 관사의 의미는 갈라디아서 2장 14절 이하에서부터 계속 언급해 온 그리스도의 구속 사역을 종합 요약한다고 볼 수 있습니다(F. F. Bruce, *NICGT: Commentary on Galatians*, 1982, 226쪽). 그렇다면 여기서 말하는 '자유'는 에덴에서 잃어버린 '그 자유'와 관련이 있으며, 바울은 로마서 8장 20-21절에서도 그랬듯이 '자유'(엘류테리아)란 단어의 용례 속에 이런 아담-예수 기독론을 종말적이며 우주적인 회복(구속) 사역과 연결하고 있다고 볼 수 있습니다. 이 해석은 헬라어 문장의 시작이 '자유로써'(떼 엘류테리아)로 시작하여 이를 강조하고 있는 구조와도 일맥상통한다고 볼 수 있습니다.

둘째, 갈라디아서 5장 1절과 13절은 우리가 자유를 잃어버렸던 상태를 '종의 멍에'를 지고 있는 것으로 묘사하면서, 자유를 되찾은 후에도 다시 종의 멍에를 질 수 있으니 조심하라고 경고합니다. 멍에는 원하지도 동의하지도 않은 짐(burden)을 억지로 지는 것으로 노예의 삶을 대변합니다.

무릇 멍에 아래에 있는 종들은 딤전 6:1

우리 조상과 우리도 능히 메지 못하던 멍에를 제자들의 목에 두려느냐 행 15:10

그런데 당시 유대교에서는 모세의 율법을 따르는 것을 멍에를 메는 것이라고 해석했는데, 그 뉘앙스는 긍정적인 것입니다. 멍에는 때때로 어려움과 불편한 일을 자발적으로 지는 도구의 상징이었습니다(F. F. Bruce, 같은 책, 226쪽). 하지만 예수님의 용례는(마 11:29 이하) 이런 유대 전통을 따른 것 같지 않습니다. 오히려 당시 지혜 전승과 일치한다고 볼 수 있습니다(집회서 51:26, 지혜의 학교에 등록하는 것을 멍에에 비유하였습니다). 외경인 클레멘스 1서 16장 17절에는 우리가 예수님을 통하여 은혜의 멍에 아래로 오게 되었다고 기록되어 있습니다(재인용, F. F. Bruce, 같은 책, 226쪽).

따라서 바울이 갈라디아서 5장 1절에서 '종의 멍에를 메지 말라'고 한 것은 율법을 선한 멍에라고 주장하던 당시 유대주의자 혹은 유대교의 가르침을 반대하기 위한 것이라고 볼 수 있습니다. 만약 성도가 이들의 주장을 따르면 결국 다시 율법에 얽매이게 되므로 종의 멍에를 지게 된다는 의미입니다. 바울은 이를 분명하게 설명하기 위해 죄의 멍에를 지게 된 데는 율법이 커다란 역할을 했다고 말합니다. 율법이 우리로 하여금 죄를 인식하고 죄가 처벌 받을 행동인 것을 분명하게 하지만, 반면에 이를 해결해 줄 능력은 없다는 것입니다. 따라서 인간이 죄의 멍에를 지게 된 이유 중에 율법의 역할이 매우 크며, 만약 인간이 그리스도께서 주신 자유로 다시 율법을 지키는 데 사용한다면, 또다시 멍에를 지게 된다는 것입니다.

셋째, 자유함을 육체의 기회로 삼지 말아야 한다고 교훈합니다. 사실 자유는 힘과 비슷합니다. 우리는 완벽한 건강을 가질 경우 그

건강을 하나님의 뜻에 맞게 사용하기보다 자신의 정욕을 위해 낭비하고 죄를 더 많이 짓는 데 사용할 가능성이 아주 높습니다. 자유도 마찬가지입니다. 이런 자유는 방종으로 변질되기 쉽습니다. 우리가 자유함을 되찾은 것은 '부르심'에 의한 것임을 기억해야 합니다.

하나님은 특별한 계획과 분명한 목적이 있어서 그리스도를 통하여 우리에게 자유를 되돌려 주셨지, 육체의 기회로 삼게 하려고 자유를 주신 것이 아닙니다. 따라서 우리가 그리스도 안에서 되찾은 자유는 무엇이든 할 수 있는 무제한의 자유가 아닙니다. 아무도 빼앗을 수 없는 완벽하게 보호된 자유인데 이 자유는 반드시 그 용례대로 절제하며 선하게 사용되어야 합니다.

넷째, 자유함은 서로 종노릇하라고 주신 것이라고 교훈합니다. 이것이 자유가 주어진 청지기 정신의 핵심입니다. 자유와 종노릇 사이에는 크게 네 가지 모습이 있다고 볼 수 있습니다.

1) 죄가 만들어 놓은 종의 상태로부터의 자유입니다(Freedom from Slavery). 그리스도께서 이를 위하여 죽으시고 부활하셨습니다. 갈라디아서 5장 1절이 언급한 원초적인 종의 멍에입니다.

2) 종노릇을 위한 자유입니다(Freedom for Slavery). 우리가 죄 혹은 종으로부터 자유를 얻었으면, 반드시 그 자유를 가지고 무엇을 위하여(for) 쓸지도 결정되어 있어야 합니다. 바울은 종으로부터(from) 얻은 자유를 종노릇하는 데(for) 사용하라고 합니다. 후자의 종노릇은

그리스도의 종이 되었기 때문에 발생한 생활 방식입니다.

3) 종의 자유도 있습니다(Freedom of Slavery). 종의 자유란 종이 되는 것을 선택하는 자유이면서 또한 종이 되었을 때 경험하는 독특한 자유입니다. 집을 나갔다가 돌아온 탕자처럼 자발적으로 종이 되는 것과 종으로 섬기는 것을 특권 삼는 것입니다.

4) 종과 자유의 마지막 단계는 종 안에서 누리는 자유입니다(Freedom in Slavery). 진짜 특권은 심지어 종의 상태에서도 누릴 수 있는 자유입니다.

바울은 자신을 빚진 자로 규정합니다. 나아가 그는 자신을 '모든 사람의 종'이라고 합니다. 어떤 대가를 바란 것이 아닙니다. 그가 예수님을 따라가는 과정에서 자연스럽게 도달한 자기 정체성이며, 이는 바로 그 자유 안에서 가능한 성화의 깊숙한 단계입니다. (사실 구원 받은 지체들은 온전한 자유를 가지고 있지만, 동시에 육체 안에 거하면서 여전히 종 혹은 노예의 상태에 있기도 합니다.)

____ 청지기의 자유 사용법

창조 때 하나님이 주셨던 자유의 모양과 형상에는 통치권이 포함되어 있었습니다. 창세기 1장 26절에서도 확인할 수 있듯이, 우리는 이 통치권을 잘 보전하고 시행하여 자유의 선한 청지기가 되도록 창조되었습니다. 이 통치권의 핵심은 다음 세 가지로 정리될 수 있습니다.

첫째, 하나님이 창조하신 모든 질서 속에서 조화를 이루는 가운데 생기는 '자유함'입니다. 자신이 원하는 것을 마음대로 취하는 자유가 아니었습니다. 그것은 죄의 모습입니다. 곧 멍에의 시작입니다. 신학적인 용어로는 '샬롬'이라고 합니다. 단어의 의미만 놓고 보면 평화인데, 크게 보면 하나님의 질서가 온전하게 유지되는 가운데 모든 피조물(사람과 그 아래 피조물)이 각자에게 허락된 고유의 자유함을 마음껏 즐기는 상태입니다.

둘째, 하나님을 하나님 되게 하는 데 누리는 '자유함'입니다. 이것이 핵심 자유입니다.

셋째, 일시적으로 세상의 좋은 것, 곧 좋아 보이는 것들에 유혹되어 그들의 지배 아래 들어가는 것에서 벗어나는 '자유함'입니다. 세상의 통치를 받지 않는 자유함입니다.

생각 나누기

1. 창조 때 하나님께서 우리 안에 두셨으나 타락으로 말미암아 잃어버린 것이 무엇입니까?

2. 우리가 누리고 있는 자유와 창조 때 하나님께서 우리 안에 두신 자유에 차이점이 있다면 무엇인지 이야기해 봅시다.

3. 세상의 유혹에 빠지면 우리에게 있는 자유가 어떻게 된다고 생각합니까? 유혹에 빠졌을 때의 결과를 이야기하고 그 이유에 대해서 설명해 봅시다.

4. 우리에게 주신 자유를 잃어버리지 않으면서도 잘 사용하기 위해서 오늘 내가 해야 할 일은 무엇인지 이야기해 봅시다.

10

직분,
바른 자세로 충성하라

그러나 내가 긍휼을 입은 까닭은 예수 그리스도께서 내게 먼저 일체 오래 참으심을 보이사
후에 주를 믿어 영생 얻는 자들에게 본이 되게 하려 하심이라
_딤전 1:16

─── 직분을 어떻게 대할 것인가

바울은 디모데에게 보내는 편지에서 "내게 직분을 맡기심이니"(딤전 1:12)라고 자신의 직분을 이야기하면서 감격하고 있습니다. 바울의 감격은 헬라어 원문으로 살펴보면 더 진하게 느낄 수 있습니다. 문장의 첫 단어가 '감사'로 시작합니다. 이것은 도치법이라는 글쓰기 방식인데 중요한 단어나 강조하고 싶은 단어를 문장의 맨 앞에 두는 방법입니다. 이 단어는 "우리 주의 은혜가"(딤전 1:14)에서 '은혜'로 번역되어 있습니다. 신약성경 원문에서는 '감사'와 '은혜'가 동의어로 사용될 때가 많습니다. 잠깐만 생각해 보면 충분히 동의할 수 있습니다. 감사하는 마음이 생기려면 은혜가 있어야 하기 때문입니다. 그런 은혜를 경험할 때 진심으로 감사하게 됩니다. 그래서 은혜와 감사는 떼어 놓을 수가 없습니다.

이렇듯 바울은 감격하면서 은혜와 감사로 자신의 감정을 표현하고 있습니다. 그렇다면 바울은 도대체 무슨 직분을 받았기에 이렇게 감격하고 있을까요? 그는 '사도'의 직분을 받았기 때문이라고 말합니다. 사도의 직분은 당연히 감격할 만한 것입니다.

바울의 이러한 감격에 비추어서 우리의 직분에 대해서 생각해 보아야 합니다. 교회는 여러 가지 직분을 나누어 교회 사역을 감당합니다. 이때 바른 신앙인이라면 그저 남보다 조금 귀한 직분을 받았다는 이유만으로 감격하지 않아야 합니다. 그러나 삶의 현장에서 바른 모습만 보여 주지 못하는 것이 우리의 실상입니다. 그래서 우리는 정기적으로 내가 받은 직분이 무엇이며 그 직분을 어떻게 감당해야 하는지 하나님의 말씀을 통해서 그 원리를 배워야 합니다.

이와는 반대로 직분을 받지 않으려고 일부러 고사하는 분들도 있습니다. 이것도 성경적으로 볼 때 옳은 것은 아닙니다. 디모데전서 3장 1절에서 바울은 "직분을 얻으려 함은 선한 일을 사모하는 것이라"고 했습니다. 인간적으로 나를 드러내기 위해서 직분을 추구하는 것은 옳지 않지만, 하나님이 주시는 직분을 받으려 하는 것, 그것을 사모하는 것은 마땅한 일이라는 것입니다.

직분에 대하여 먼저 생각해 볼 것은 직분을 대하는 우리의 자세입니다. 우리는 보통 직분을 받을 때 '나는 무슨 직분을 받았는가'에 관심을 기울입니다. 그런데 말씀은 직분이 무엇이냐보다는 '직분을 주신 분이 누구인가', 그리고 그 직분을 받을 때 '나는 얼마나 준비되었는가'에 관심을 가지라고 교훈합니다. 이 질문 앞에 서면 사실 부끄럽습니다. 직분을 주신 그분에게 집중하지 못했다는 것과 그 일을 감당할 만큼 충분히 준비되지 못했다는 걸 깨닫기 때문입니다. 그럼에도 직분을 주신 분의 능력 때문에 우리가 직분을 잘 감당할 수 있다고 말씀은 이야기합니다.

나를 능하게 하신 그리스도 예수 우리 주께 내가 감사함은 딤전
1:12상

직분을 주신 분이 예수 그리스도인데 그분이 나를 능하게 하신
다고 합니다. 직분만 주시는 것이 아니라 그 일을 감당할 수 있도록
능력도 주신다는 것입니다. 이어서 "나를 충성되이 여겨 내게 직분을
맡기심이니"(딤전 1:12하)라고 했는데, 여기에는 내가 충성되지 못하다
는 것이 전제되어 있습니다. 나 자신은 충성된 자가 아니지만 하나님
께서 나를 충성된 일꾼이라고 생각해 주셔서 직분을 맡기셨다는 의
미입니다.

── 바울의 시선으로 바라본 바울

내가 전에는 비방자요 박해자요 폭행자였으나 도리어 긍휼을
입은 것은 내가 믿지 아니할 때에 알지 못하고 행하였음이라
딤전 1:13

디모데전서 1장 13-15절을 보면 사도 바울이 자신을 어떠한 사
람으로 이해하고 있는지가 나타납니다.
첫째, 사도 바울은 자신을 비방자, 박해자, 폭행자(딤전 1:13상)라

고 설명하고 있습니다. 그럼에도 불구하고 하나님께서 자신을 충성되이 여겨 직분을 주셨다는 것입니다. 자격 없는 자에게 직분을 맡기셨다는 뜻입니다.

우리는 대체로 교회를 박해하거나 핍박한 경험이 없습니다. 하지만 비방한 경험은 많을 것입니다. 교회를 비방하면서 흔히 "내가 한 건 비방이 아니야. 그건 건전한 비판이야" "교회가 잘되게 하기 위해서 옳은 소리를 한 것이지 비방이 아니야"라고 말합니다. 처음에는 '바른 소리'로 시작했을지 모르지만 결국 비방이 되고 결과적으로 상처를 입힐 수 있습니다.

사도 바울은 둘째, "도리어 긍휼을 입은 자"(딤전 1:13중)라고 자신을 설명하고 있습니다. 이 말에는 긍휼을 입을 수 없는 사람이라는 전제가 담겨 있습니다. 이전에는 비방자요 박해자요 폭행자였기 때문에 도저히 긍휼을 입을 수 없는 사람이었지만 지금은 긍휼을 입은 사람이 되었다는 얘기입니다.

하나님의 긍휼이 필요하지 않다고 생각하는 사람들을 종종 만납니다. "저는 뭐 그렇게 대단한 것을 바라는 사람이 아니라서 대단한 잘못을 한 적이 없어요" "저는 큰 죄를 지은 적도 없고 남에게 큰 손해를 끼친 적도 없어요. 그저 평범하게 사는 사람입니다"라고 말하는 사람들입니다. 이들의 말을 요약하면 '나는 긍휼이 필요한 사람이 아닙니다'가 됩니다. 과연 그렇습니까? 하나님의 긍휼이 필요하지 않은 사람이 과연 있을까요?

'나는 전에 긍휼을 입을 수 없는 사람이었는데 주의 긍휼을 입었다'는 고백이 직분을 감당하는 우리의 자세를 결정짓게 됩니다. '나는 당연히 이 직분을 받을 만합니다. 당연히 교회에서 이런 일을 할 만합니다'라고 생각하는 사람과 '나는 정말 그럴 자격이 없습니다. 내 인생은 예수님의 긍휼 때문에 변했습니다'라고 고백하는 사람이 감당한 일의 결과는 다를 수밖에 없습니다.

그리스도인이라면 마땅히 '내 인생이 예수님의 긍휼 때문에 변했습니다'라는 고백이 그 삶 가운데 있어야 합니다. 바울은 긍휼하심을 받을 수 없는 비방자요 박해자요 폭행자였다가 하나님의 긍휼을 입었다고 고백하고 있습니다. 우리는 혹시 하나님을 박해하지 않았다는 알량한 생각 때문에 하나님의 긍휼이 필요 없다고 생각하는 오류에 빠져 있지 않은지 돌아보아야 합니다.

바울은 셋째, 자기 자신을 "죄인 중에 괴수"(딤전 1:15하)라고 설명하고 있습니다. 죄인 중에 괴수라는 말을 들으면 어떤 느낌이 듭니까? 남이 평가하는 '나'는 내가 평가하는 '나'보다 못할 때가 많습니다. 남보다 자기를 낮게 여기는 것이 인간의 본성이기 때문에 그렇습니다. 그런 점에서 바울의 이 같은 고백은 깊은 깨달음이 아니고는 나올 수 없는 것입니다.

'죄인 중에 괴수'를 헬라어 원문으로 살펴보면, 세 가지 의미로 해석할 수 있습니다. 1) '가장 악한 죄인, 참혹한 죄인'이라는 의미입니다. 2) '죄를 짓는 데 첫자리에 내가 있다'라는 의미입니다. 3) '가장 이기적인 죄인이 나다'라는 의미입니다. 겉으로 보면 이기적이지 않은 것 같지만 실제로는 아주 이기적인 사람이라는 고백입니다.

___ 하나님의 백성으로 산다는 것

하나님의 언약은 매우 중요합니다. 우선 하나님의 언약은 이런 것입니다. 긍휼을 입을 수 없어서 하나님의 백성이 될 수 없는 사람들에게 하나님이 긍휼을 베푸셔서 그의 백성으로 삼았다는 것입니다. 이것이 하나님 언약의 핵심입니다. 여기서 주목할 것은 하나님의 백성이 되기 위해서 우리가 갖춰야 할 조건이 없다는 것입니다. 하나님이 조건을 따져서 백성 삼고자 하셨다면 우리 중 어느 누구도 하나님의 백성이 될 수 없습니다. 하나님은 도무지 긍휼을 받을 수 없는 사람을 긍휼히 여겨서 하나님의 백성으로 삼아 주셨습니다.

하나님의 백성이 되는 조건이 없다고 해서 하나님의 백성으로 살아가는 기준이 없다는 뜻은 아닙니다. 상식적으로 생각해도 하나님의 긍휼로 그의 백성이 되었다면 그 긍휼에 합당한 삶을 살아야 합니다. 하나님의 백성이 된 다음에는 하나님의 백성답게 살아야 할 책임이 있는 것입니다. 이것이 언약의 또 다른 핵심입니다.

그럼에도 불구하고 우리는 자꾸 죄를 짓습니다. 그래서 회개가 필요합니다. 하나님의 백성은 죄를 전혀 짓지 않는 사람이 아닙니다. 하나님의 백성은 죄를 짓지 않으려고 노력하는 사람이며 죄를 지은 뒤에는 하나님께로 돌이키는 회개를 하는 사람입니다. 구약시대에는 이 회개를 위해 율법에 따라 제사를 지냈습니다. 하지만 예수님이 우리 죄를 대속해 십자가에서 죽으심으로 하나님께 곧바로 나아가는 회개의 길이 열렸습니다. 그리고 우리 안에 내주하시는 성령님이 우리가 회개하도록 도우십니다. 그러므로 우리 믿음의 표지는 우리 안에 계신 성령님입니다.

—— 직분 맡음은 청지기로 살겠다는 선언이다

우리는 하나님이 맡기신 직분에 대해 어떻게 반응해야 할까요?

바울은 "내가 긍휼을 입은 까닭은"(딤전 1:16상)이라면서 긍휼을 받은 사실을 중요하게 생각하고 있습니다. 그래서 "나를 충성되이 여겨 내게 직분을 맡기심이니"(딤전 1:12하)라고 하나님께 충성해야 한다고 다짐합니다. '충성되다'는 말을 가장 잘 설명하는 말씀이 고린도전서 4장 1-2절입니다.

> 1 사람이 마땅히 우리를 그리스도의 일꾼이요 하나님의 비밀을 맡은 자로 여길지어다 2 그리고 맡은 자들에게 구할 것은 충성이니라

여기서 '충성'은 군대 용어가 아닙니다. 언약 용어입니다. 언약은 하나님과 우리가 맺은 약속입니다. 그 약속에는 조건이 없습니다. 하나님이 자신의 것을 우리에게 공급해 주시고 우리를 보호해 주시고 자녀 삼으신다는 약속입니다. 그래서 언약 백성이 되면 하나님의 자녀로서 신실하게 살아야 됩니다. 하나님이 신실하신 분이므로 그에 걸맞은 신실함으로 살아야 합니다.

고린도전서 4장 1-2절의 '일꾼'을 헬라어 원문으로 보면 '청지기'입니다. '일꾼'은 청지기를 가장 대표하는 말입니다. 교회의 직분을 맡기는 것은 청지기를 세우는 일입니다. 그러므로 직분을 맡는다는 것은 청지기로서 살겠다고 주님께 선언하는 것입니다. 그래서 일꾼에게 필요한 것은 '충성'입니다.

"맡은 자들에게 구할 것은 충성이니라"(고전 4:2)는 말씀은 직분을 맡으면, 일꾼이 되면, 즉 청지기가 되면 억지로 충성해야 된다는 말이 아닙니다. 하나님의 법에는 그런 억지가 없습니다. 일꾼으로서 성실하게 살아갈 때 하나님께서 그를 충성된 일꾼으로 인정해 주십니다. 헬라어 원문을 영어로 직역하면 '그가 신실한 사람이라고 발견된다'(They be found faithful)가 됩니다.

충성은 억지로 이끌어 내는 것이 아닙니다. 이 직분이 주어졌으니 너는 무조건 충성해야 된다는 외압도 아닙니다. 충성은 내 안에 계신 성령님께서 내가 어떻게 직분을 받았는지를 가르쳐 주시고 그 직분에 바르게 반응하는 방식으로 발견되도록 하는 것입니다.

신실하신 주님은 우리에게 일을 맡기시면 잘하든 못하든 끝까지 맡기십니다. 잘하지 못한다고 거두시지 않습니다. 다만 우리가 게으르고 태만한 것이며 걷어차는 것입니다. 하나님은 우리를 충성된 사람으로 여겨서 직분을 맡기십니다.

충성되게 감당할 때 본이 된다

여기서 바울이 긍휼을 입은 까닭을 무엇이라고 설명하는지 살펴봐야 합니다.

> 그러나 내가 긍휼을 입은 까닭은 예수 그리스도께서 내게 먼저 일체 오래 참으심을 보이사 후에 주를 믿어 영생 얻는 자들에게 본이 되게 하려 하심이라 딤전 1:16

긍휼을 입은 까닭이 본을 보이기 위함이라고 합니다. 우리가 직분을 감당하는 동안 해야 할 일이 본을 보이는 것입니다. 그 때문에 주님이 우리에게 직분을 주셨다는 것입니다. 그런데 이 본을 보이는 일이 참 어렵습니다. 본을 보이는 것으로 신앙이 전수되는데 그것이 매우 어렵습니다. 왜냐하면 내가 남보다 나은 장점이 있어서 다른 사람보다 우월해야 본이 된다고 생각하기 때문입니다. 본이 되려면 다른 사람보다 나은 점이 있어야 되는 것은 사실입니다. 그런데 여기서 우리가 놓치지 말아야 할 것은 그 나은 점이 어떻게 생겼냐는 것입니다.

운동을 잘하는 선수가 있습니다. 그 선수가 운동의 본이 됩니다. 그러나 그 선수를 바라보고 있다고 해서 나도 그렇게 운동을 잘할 수 있는 것이 아닙니다. 세상에서 본이 되려면 남보다 잘나야 합니다. 그런데 그렇게 잘나기가 어렵습니다. 잘난 사람을 아무리 보고 있어도 그렇게 되지 않습니다.

그런데 바울은 우리가 본이 될 수 있는 이유는 긍휼 때문이라고 합니다. 우리가 본이 될 수 있는 것은 하나님이 내 안에 오셔서 나의 망가지고 연약하고 부족한 부분을 만져 주시기 때문이라는 것입니다. 하나님의 긍휼하심 때문에 내 삶이 바르게 되어서 본이 되는 것입니다. 우리는 보통 본이 될 만한 사람이 주변에 없다고 생각합니다. 왜냐하면 모든 면에서 다 앞서가는 그런 인물을 본이라고 생각하기 때문입니다. 그러나 성경의 원리로 보면 본은 하나님의 긍휼하심이 내 안에 역사하셔서 내가 하나님의 사람으로서 하나님이 맡기신 직분을 성실하게 감당하는 것입니다. 충성되게 감당하는 것, 이것이 본이 되는 것입니다.

청지기 정신에 세 가지 기둥이 있다고 배웠습니다. 주인의 것, 주인의 뜻, 주인의 셈이 그것입니다. 우리는 영혼, 재능, 물질, 자녀, 자유함, 힘, 시간, 직분 이런 것들의 청지기여야 합니다. 그 원리로 두 주인을 섬기지 않아야 하며, 깨어 있어야 하며, 주께 하듯 우리의 삶을 살아야 합니다. 이렇게 청지기로 살아가기 위해서 필요한 힘은 어디에서 나올까요? 베드로전서 4장 10-11절에서 그 대답을 찾아볼 수 있습니다.

> 10 각각 은사를 받은 대로 하나님의 여러 가지 은혜를 맡은 선한 청지기같이 서로 봉사하라 11 만일 누가 말하려면 하나님의 말씀을 하는 것같이 하고 누가 봉사하려면 하나님이 공급하시는 힘으로 하는 것같이 하라 이는 범사에 예수 그리스도로 말미암아 하나님이 영광을 받으시게 하려 함이니 그에게 영광과 권능이 세세에 무궁하도록 있느니라 아멘

우리가 하나님을 섬기려고 작정하고 나아가게 되면 그 섬기는 일이 내 힘으로는 되지 않는다는 사실을 발견하게 됩니다. 누군가를 정말 섬기려면 우리 자신에게서 눈을 돌려 하나님의 약속을 신뢰하는 삶으로 바뀌어야 합니다. 그래서 우리는 무슨 말을 할 때나 무슨 일을 할 때 하나님이 주시는 그 말씀과 하나님이 주시는 힘으로 그 일을 감당하도록 발전해야 합니다. 이것이 선하고 행복한 청지기가 이루어야 할 궁극적인 모습입니다.

베드로는 그런 청지기의 삶을 이야기하면서 마지막에 축도를 합니다. 우리가 하나님의 도움을 받을 때 하나님은 우리에게서 영광을 받으십니다. 이에 대해 미국 베들레헴 침례교회의 담임목사이자 벧엘대학교 교수인 존 파이퍼(John Piper) 목사는 그의 저서 《돈, 섹스 그

리고 권력》에서 이렇게 말합니다.

"우리가 하나님의 도움을 받을 때에, 하나님은 우리에게서 영광을 받으십니다. 우리 아버지를 위대하게 보이게 하는 일은 무엇이든지 우리를 행복하게 만들어 줍니다. 그분의 영광이 우리를 행복하게 할 때, 그분은 우리의 삶 속에서 영광을 받으십니다."

다른 사람을 섬기고 싶어 주님의 힘이 필요할 때 우리가 하나님의 도움을 받으면 하나님은 우리로부터 영광을 받으신다는 것입니다. 그러므로 나의 필요를 위해서 하나님의 도움을 구하는 것은 바른 방법이 아닙니다.

축도는 보통 예배의 마지막 순서로 하게 됩니다. 그런데 베드로전서에서는 축도를 했는데 끝나지 않고 다음 장으로 이어집니다. 축도는 목사만 하는 것이 아닙니다. 성도들도 축도할 수 있습니다. 성도들의 축도는 입으로 하는 것이 아닙니다. 손을 들고 하는 것이 아닙니다. 성도들의 축도는 삶으로 하는 것입니다. 하나님께 영광을 최대한 돌리면서 하나님을 영화롭게 하는 삶, 하나님이 영광 받으실 때 그 인생이 가장 행복한 삶이 되는 것, 이것이 성도의 축도입니다. 그리고 그것이 청지기 인생의 목표입니다.

1. 내가 섬기는 교회에서 나에게 맡겨진 직분이나 사역은 무엇입니까?

2. 나에게 주어진 직분이나 사역을 앞에 두고 나의 마음은 어땠습니까? 그런 마음이 생긴 이유가 무엇이었습니까?

3. 다른 사람을 섬기고 싶고 주님의 힘이 필요할 때 우리가 하나님의 도움을 받으면 하나님은 우리로부터 영광을 받으신다고 합니다. 지금 내가 돕고 싶은 사람이 누구 인지, 그 사람을 어떻게 도울 수 있을지 얘기해 봅시다.

Part 4

주인은 선한 청지기를
든든히 여긴다

11

시간 사용,
시간의 중심에 예수님을 모시라

그런즉 너희가 어떻게 행할지를 자세히 주의하여 지혜 없는 자같이 하지 말고 오직 지혜 있는 자같이 하여 세월을 아끼라 때가 악하니라 그러므로 어리석은 자가 되지 말고 오직 주의 뜻이 무엇인가 이해하라

_엡 5:15-17

── 햄버거의 빵: 주의 뜻을 이해하는 일

지혜 없는 자같이 하지 말고
오직 지혜 있는 자같이 하여(엡 5:15)

세월을 아끼라 때가 악하니라(엡 5:16)

어리석은 자가 되지 말고
오직 주의 뜻이 무엇인가 이해하라(엡 5:17)

햄버거는 빵과 내용물로 구성되어 있습니다. 햄버거의 맛은 빵과 그 사이에 끼어 있는 내용물이 조화를 이루면서 맛을 냅니다. 빵이 아무리 맛있어도 내용물이 없으면 의미가 없고 반대로 빵 없이 내용물만 먹는다는 것은 그 자체로 햄버거가 성립되지 않습니다. 하지만 역시 가장 비싸고 중요한 부분은 내용물이지 빵은 아닙니다. 빵은 내용물을 지지해 주고 내용물의 맛을 극대화해 주는 장치입니다.

에베소서 5장 15-17절 말씀을 햄버거의 원리에 대입해서 살펴보고 분석해 봤으면 좋겠습니다.

이 말씀은 서론에 해당하는 "그런즉 너희가 어떻게 행할지를 자세히 주의하여"(엡 5:15상)라는 말씀이 있고 이어서 햄버거의 한쪽 빵에 해당하는 "지혜 없는 자같이 하지 말고 오직 지혜 있는 자같이 하여"(엡 5:15하)가 따라 나옵니다. 그리고 햄버거의 내용물에 해당하는 "세월을 아끼라 때가 악하니라"(엡 5:16)가 있습니다. 이는 본문에서 가장 중요한 말씀이 에베소서 5장 16절이라는 뜻입니다. 이제 다른 쪽 빵에 해당하는 "어리석은 자가 되지 말고 오직 주의 뜻이 무엇인가 이해하라"(엡 5:17)가 나옵니다.

이제 빵을 분석해 보겠습니다.

위 빵 앞부분의 '지혜 없는 자'와 아래 빵의 '어리석은 자'는 같은 뜻입니다. 그리고 둘은 동일하게 그렇게 되지 말라고 말씀합니다. 위 빵 뒷부분의 '지혜 있는 자'가 누구인지는 아래 빵 뒷부분에 설명이 되어 있습니다. 지혜 있는 자는 '주의 뜻이 무엇인가 이해하는 사람'입니다. 지혜 있는 사람이 되어 주의 뜻을 이해하라는 말씀입니다.

그렇다면 중간에 있는 햄버거의 내용물은 무엇입니까? "세월을 아끼라 때가 악하니라"입니다. 이 내용물은 무엇을 의미할까요? 우선 위의 빵과 아래 빵에 나오는 '지혜 없는 자' '어리석은 자'가 되지 말고 주의 뜻이 무엇인지 이해하는 지혜 있는 자가 되라는 의미입니다.

그렇다면 '주의 뜻이 무엇인가를 이해하는 것'은 구체적으로 어떤 것일까요? 대부분의 성도들은 이 말씀을 '주의 뜻을 분별하는 것'이라고 생각합니다. 그리고 주의 뜻을 분별하는 일은 대단히 어려운 일이라고 생각합니다. 즉 주의 뜻을 분별하는 것은 마치 안개 속에서 사물을 식별해 내듯이 어려운 일이며 특별한 영성을 가진 사람들이나 할 수 있다고 여깁니다. 주의 뜻을 분별할 수 있다 하더라도 그것을 매일 분별하라고 한다면 상당히 수고롭고 부담스러울 것입니다. 때로는 주의 뜻이라 생각하고 분별했는데 의심이 생길 것입니다. '이것이 주님의 뜻이 아니고 내 뜻이면 어떻게 하나?' 그리고 하나님 앞에 그릇된 판단을 한 것이 아닌가 하는 부담감을 갖습니다.

그러나 성경은 주의 뜻을 분별하라고 이야기하지 않고 '주의 뜻을 이해하라'고 명령합니다. 지혜 있는 것은 결국 주의 뜻을 '이해하는' 명령을 이루는 것입니다. 그런데 왜 우리는 주의 뜻이라고 하면 자꾸 분별해야 된다고 생각할까요? 주의 뜻과 관련된 성경 구절을 찾아보면 '분별하라'는 말은 성경 전체에서 한 군데서만 나옵니다.

> 너희는 이 세대를 본받지 말고 오직 마음을 새롭게 함으로 변화를 받아 하나님의 선하시고 기뻐하시고 온전하신 뜻이 무엇인지 분별하도록 하라 롬 12:2

따라서 주의 뜻은 '분별의 대상'이 아니라 '이해의 대상'입니다. 주의 뜻은 이미 드러나 있는 것입니다. 하나님이 이미 다 알려 주셨습니다. 우리가 주의 뜻이 무엇인지 모르는 상태에서 찾아가는 것이 아니라 하나님께서 드러내신 것을 이해하고 주의 뜻대로 살아가는 것입니다.

'분별'과 '이해'가 완전히 다른 의미는 아니지만 최소한 '이해'는 그때마다 수고해야 하는 일은 아닙니다. 우리가 한 번 이해한 것을 다른 것보다 더 잘 기억하는 것처럼 여기서 '이해한다'는 말은 '크고 굵직한 뜻'을 '분명하게' 정돈하여 든든하게 붙잡고 있다는 것을 의미합니다. 실제로 대부분의 성도는 주님의 뜻, 하나님의 굵직한 뜻을 이해하고 있습니다.

그렇다면 우리가 흔히 알고 있는 주님의 뜻은 무엇일까요? 사랑 혹은 구원이라고 말할 수 있습니다. 구체적으로는 하나님 나라가 확장된다거나, 교회의 부흥, 성도의 제자화를 말할 수 있습니다. 선한 청지기가 세워지는 것도 하나님의 뜻이라고 말할 수 있습니다.

이처럼 성경 전체의 맥락 속에서 찾아낸 하나님의 뜻이 있지만 특별히 에베소서 5장 15-17절 말씀에 담긴 주의 뜻은 무엇일까요? 그것이 바로 햄버거의 내용물입니다. "세월을 아끼라 때가 악하니라"(엡 5:16)라는 이 말씀이 주의 뜻이라는 것입니다. 주의 뜻 전체는 아니지만 주의 뜻 가운데 중요한 한 부분입니다. 즉 세월을 아끼고 때가 악하다는 주의 뜻을 이해하는 것이 지혜로운 자가 되는 방법입니다.

____ 크로노스: 물리적인 시간

앞서 살펴본 것처럼 '내용물'의 기본적인 가르침은 세월을 아끼라는 것입니다. 세월은 낭비하고 허비하기에는 너무 아까운 자원입니다. 시간은 주님이 주신 것으로서 낭비할 수 없는 너무 귀중한 자원입니다. 청지기 정신은 주님의 것을 주님의 뜻을 따라 사용하고 주님의 셈을 받는다는 것입니다. 청지기 정신에 비추어 보면 주님이 우리에게 주신 자원인 시간도 청지기의 대상이 됩니다.

헬라어에서 '시간'이라는 의미를 가진 대표적인 단어가 '크로노스'입니다. '크로노스'라는 단어를 살펴보면 고대 그리스 철학자들이 시간을 어떻게 이해했는지 알 수 있습니다. 크로노스는 그리스 신화에 등장하는 한 신으로 제우스의 아버지입니다. 크로노스는 아버지인 하늘 신과 어머니인 땅 신의 아들로 태어났습니다. 크로노스는 아버지인 하늘 신을 제거하고 자신이 그 자리를 차지합니다. 나중에는 아들 제우스에 의해서 자기 자신도 밀려납니다.

이것이 바로 그리스 사람들이 이해했던 시간의 개념입니다. 시간은 앞선 것을 밀어내는 것입니다. 아무도 그 시간의 자리에 머물러서 영원히 있을 수 없습니다. 그리스의 신 크로노스조차도 시간에 의해서 밀려납니다.

크로노스의 모습에서도 시간에 대한 이해가 담겨 있습니다. 앞머리는 대머리입니다. 반면 뒷머리는 긴 머리카락을 늘어뜨렸습니다. 이것은 앞에서는 시간을 붙잡을 수 없다는 의미입니다. 시간이 지나간 다음에서야 붙잡을 수 있다는 것입니다. 시간이 지나간 다음에서야 후회하는 모습을 경고하는 것입니다.

세월을 아끼라는
참 의미

세월을 아끼라는 말을 시간이 낭비되어서는 안 되며 이를 위해 우선순위에 따라 시간을 잘 쪼개서 사용하라는 뜻으로 이해하는데 이것은 기본적인 이해입니다. 기본이라는 말은 세상에 속한 지혜라는 뜻입니다. 이제부터는 성경 이야기입니다. 기본 위에 세워져야 할 영적인 가르침입니다.

본문에서 "아끼라"는 말은 헬라어 원문을 보면 '원상 복구'라는 의미가 있습니다. 이 헬라어를 영어로 직역하면 'redeem'이 됩니다. 이 단어는 신학적으로 매우 중요한데, 온 세상과 우리를 향한 하나님의 계획을 표현하는 단어이기 때문입니다.

하나님께서 하나님의 뜻을 따라 선하고 보기 좋게 만들었던 세상이 인간의 죄 때문에 파괴되었습니다. 하나님이 인간을 만드실 때 그 속에 하나님의 형상이 있었는데 인간의 죄로 인해서 하나님의 형상이 파괴되었습니다. 그래서 이후의 역사는 하나님께서 원상을 복구시키는 역사입니다. 그래서 성경의 가장 중요한 주제는 '회복'입니다. 결국 '세월을 아끼라'는 시간을 회복하라는 의미를 담고 있는 것입니다.

그렇다면 시간을 어떻게 원상 복구시킬 수 있습니까? 그것은 시간의 중심이 예수님이라는 사실을 인정하는 것입니다. 예수님은 시간의 중심이자 역사의 중심이기 때문입니다. 하나님이 창조하신 역사의 중심에 예수 그리스도가 있는 것은 너무나 당연합니다. 창조의 주인이 되셨던 예수님께서 구속의 주인이 되시고, 구속의 주인이 되신 예수님께서 마지막 종말의 주인이 되십니다. 그러므로 예수님은 역사의 중심에, 시간의 중심에 계십니다.

창조부터 시작된 시간의 흐름은 크로노스입니다. 시간에 의해서 역사가 흘러갑니다. 앞에 있는 것들은 뒤에 오는 시간에 의해서 밀려날 수밖에 없습니다. 수평적으로 흘러가는 시간입니다. 계속해서 수평적인 흐름으로 이어지는 역사입니다.

그런데 어느 한 날, 수평적인 흐름 속에서 갑자기 십자가 사건이 등장합니다. 수평적으로 흘러가던 시간이 십자가가 세워지는 순간 수직이 되어 이 땅을 하늘 보좌와 연결시켰고 하나님 앞에 닿았습니다. 십자가 사건이 일어난 그날, 시간이 수직으로 세워져서 하나님의 구속 역사의 중심이 된 것입니다.

그러므로 "아끼라"는 말씀은 그저 우선순위를 두어 시간을 효율적으로 사용하라는 의미를 훨씬 넘어서는 명령입니다. 시간이 이 땅에 세워졌다는 것을 알고 시간의 중심에 계신 하나님을 인정하며 예수 그리스도를 통해서 그 하나님 앞에 나아가 시간을 사용하라는 의미입니다.

카이로스: 주관적인 시간

예수님이 시간의 중심이라면 나의 시간 속에서도 예수님이 그 중심이어야 합니다. '세월을 아끼라'는 명령은 내 시간의 중심에 예수님이 계시도록 하라는 명령입니다.

예수님이 내 시간의 중심이 되기 위해서 우리는 어떻게 해야 합니까? 여기서 '시간'을 의미하는 헬라어 단어 하나를 더 살펴봐야 합니다. '카이로스'입니다. 크로노스는 수평적으로 흘러가는 시간이지만, 카이로스는 수평적으로 흐르던 시간이 수직으로 세워진 것을 의미합니다. 즉 특별한 사건이 일어난 시간입니다. 수평적인 시간의 흐름 속에 있는 것이 아니라 특별한 어느 시점에 갑자기 일어난 의미 있는 사건을 표현하는 단어가 카이로스입니다.

우리는 크로노스의 시간 속에서 살고 있습니다. 예배 시간도 크로노스의 시간 중에 일부입니다. 그러나 우리의 예배 안에는 카이로스의 시간이 있어야 합니다. 예배는 하나님께서 우리를 만나 주시겠다고 작정해 놓은 시간이기 때문입니다. 특히 주일 예배는 하나님께서 그 시간을 통하여 하나님이 우리의 주인임을 알리는 시간입니다. 동시에 우리가 하나님이 우리의 주인임을 인정하는 시간입니다. 따라서 예배는 예수님이 중심이 된 시간을 우리 삶 속에 다시 세우는 일입니다. 이렇게 우리의 예배 시간이 카이로스의 시간이 되어야 합니다.

주인의 시간이 있습니다. 주인의 시간은 첫째, 주인께서 우리를 찾아오는 시간이고 둘째, 우리에게 맡기신 시간을 주인의 것으로 돌려 드리는 시간입니다. 이 시간은 수평적으로 흘러가는 시간의 연장선 어디쯤이 아니라 하나님이 작정하신 특별한 시간에 우리를 찾아오는 사건입니다. 이 시간을 놓치지 않는 것이 시간의 청지기가 누리는 행복이고 축복입니다. 또한 그런 일을 통하여 우리는 예수님을 내 시간의 중심에 둘 수 있습니다. 예수님이 내 시간의 중심이 될 때 예수님이 내 삶의 중심이 됩니다.

우리는 예수님은 나의 주인이라고 수없이 고백합니다. 하지만 이 고백을 하는 성도라면 예수님이 중심이 된 시간이 그 삶에서 반드시 정기적으로 나타나야 합니다.

주인의 시간은 주인이 우리에게 찾아오는 시간이면서 동시에 우리에게 맡겨 주신 그 시간을 주인의 것으로 돌려 드리는 시간이기도 합니다. 그래서 우리는 세월을 잘 아껴서 그것을 가지고 주님이 기뻐하시는 일을 위해서 사용해야 합니다. 주님이 기뻐하시는 일은 주의 뜻이 무엇인가를 이해하는 가운데 나타납니다. 그런 일 중에 하나가 십일조입니다. 우리는 하나님이 우리의 주인이라고 고백하는 행위로 십일조를 합니다. 우리가 가진 것의 전부가 하나님의 것이라는 고백으로 십일조를 합니다.

우리는 흔히 십일조라고 하면 재물의 십일조만 생각합니다. 재물은 이 세상을 살아가는 데 가장 중요한 자원이기 때문입니다. 그렇다면 시간도 재물 못지않게 중요한 자원이지 않습니까? 그렇다면 그 소중한 시간을 주님 앞에 드리는 행위로써 하나님의 주권을 인정하는 사람이 되어야 합니다. 시간의 십일조를 주님 앞에 드리는 것, 어쩌면 이것은 '시간의 주인이 예수님입니다'라고 선포하는 우리의 복된 행위가 될 수 있습니다.

___ 시간은 소모품이 아니다

하나님은 성도가 세월을 아끼며 살아가길 원하십니다. 시간을 아낀다는 것은 단지 시간을 알뜰하게 쪼개서 사용하거나 우선순위를 철저히 세워서 효율성을 높이는 것만을 의미하지 않습니다. 시간을 아끼는 일은, 모든 시간을 나에게 맡겨진 기회라고 생각하며 소중히 여기는 일입니다. 영어성경도 '세월을 아끼라'를 "making the best use of opportunity"(NIV)라고 번역하고 있습니다. 시간은 내 마음대로 소모해도 되는 하찮은 것이 아닙니다. 시간은 하나님이 나에게 주신 기회입니다. 그러므로 이 기회를 아껴서 주님을 위한 일을 하는 데 더 많이 더 잘 사용해야 합니다. 이 기회를 잡아서 언제 오실지 모르는 주님을 놓치지 않고 맞이하는 기회로 삼아야 합니다. 이것이 시간의 청지기들이 누리는 행복입니다.

시간의 청지기가 가장 마음을 써야 할 것이 예수님이 시간의 중심이라는 사실입니다. 하나님은 이 세상에 빛을 만드시면서 시간도 함께 만드셨습니다. 이 창조의 핵심에 예수님이 계시듯이, 파괴된 창조를 회복하는 모든 과정의 중심에도 동일하게 예수님이 계십니다. 그래서 내 시간의 중심에 예수님이 계시도록 하는 것이야말로 나의 인생을 주인이신 예수님께 드리는 삶의 태도입니다.

내 시간의 중심에 예수님을 두어야 하는 시간의 첫 번째 단위는 하루입니다. 하루에 한 번은 최소한 내 시간의 중심에 예수님을 두는 순간이 있어야 합니다. 그렇지 않으면 우리 인생은 곁길로 빠지며 우리 영성은 퇴보하기 시작합니다. 더 멋진 시간의 청지기가 되려면 하루의 가장 중심이 되는 시간을 하나님께 구별해서 드려야 합니다. 이런 모습 속에 주님을 향한 사랑이 담겨 있다는 것이 더 확실하게 드러납니다.

내 시간의 중심에 예수님을 두어야 하는 시간의 두 번째 단위는 일주일입니다. 그다음 단위는 한 해입니다. 그다음 단위는 평생입니다. 일주일에 한순간은 더욱 소중하게 예수님을 중심에 모셔야 하며, 1년에 어느 일정 기간도 그렇게 떼어 놓아야 합니다.

이처럼 시간의 청지기는 예수님을 중심에 모시면서 살아갑니다. 예수님도 그런 청지기를 당신 안에 거하도록 하십니다.

생각 나누기

1. "세월을 아끼라"는 말에는 여러 가지 의미가 담겨 있습니다. 그중에서 가장 중요한 의미는 무엇일까요?

2. 나의 삶 속에서 하나님을 나의 주인이라고 고백하는 일이 지속적으로 이루어지고 있습니까? 하나님이 나의 주인 되신다는 고백이 어떤 행동으로 표현되고 있는지 이야기해 봅시다.

3. 내가 살고 있는 이 시간은 누구의 것이라고 생각합니까? 시간을 나에게 허락한 분이 누구이며 그분의 뜻대로 시간을 사용하기 위하여 어떻게 해야 하는지 이야기해 봅시다.

내 손에 가진 것은
모두 잃어버렸다.
그러나 주님의 손에 맡긴 것들은
아직도 가지고 있다
-루터

12

주께 하듯,
삶을 정성스럽게 살라

종들아 모든 일에 육신의 상전들에게 순종하되 사람을 기쁘게 하는 자와 같이 눈가림만 하지 말고 오직 주를 두려워하여 성실한 마음으로 하라 무슨 일을 하든지 마음을 다하여 주께 하듯 하고 사람에게 하듯 하지 말라

_골 3:22-23

——바쁨과 열심은 다르다

누구나 삶을 정성스럽게 살고 싶어 합니다. 실제로 그렇게 사는 사람은 대체로 훌륭한 인생을 살아갑니다.

저는 삶을 정성스럽게 산 사람 하면 도산 안창호 선생님이 떠오릅니다. 서울 강남구에 위치한 도산공원은 도산 안창호 선생님의 생애와 가르침을 잘 볼 수 있도록 조성된 공원입니다. 그곳에는 도산 선생님의 가르침 중에 특별히 명언들을 잘 모아 두었습니다. 그중에 아홉 번째 명언은 "농담으로라도 거짓말을 하지 말라. 꿈속에서라도 성실을 잃거든 뼈저리게 뉘우쳐라. 죽더라도 거짓이 있어서는 안 된다"입니다. 그리고 스무 번째 명언은 "큰일이건 작은 일이건 네가 하는 일을 정성껏 하여라"입니다.

특히 스무 번째 명언은 도산 선생님의 미국 유학 시절을 떠오르게 합니다. 당시 한국 사람들은 외국에서 허드렛일을 하면서 살 수밖에 없었습니다. 허드렛일이란 청소나 세탁 등의 일이었는데 도산 선생님은 청소를 했습니다. 선생님은 남들은 대충 하는 것까지 구석구석 청소할 만큼 성실하게 일했습니다. 누군가 왜 그렇게 열심히 하냐고 묻자 선생님은 이렇게 대답했습니다.

"내가 이 일을 할 때 주변에 아무도 없지만 나는 그 일을 주께 하듯 한다."

안타깝게도 현대인은 정성스럽게 살기에는 너무 바쁩니다. 누구 할 것 없이 모두 쫓기듯이 허겁지겁 하루하루를 살아갑니다. 우리는 우리도 모르는 사이에 '바쁨'을 일종의 성공의 표지로 받아들이고 있습니다. 바쁘다는 것은 성공했다는 것이고 바쁘지 않다는 것은 인생에 문제가 있다는 것으로 보는 식이지요. 그렇다 보니 바쁘게 살아야한다는 압박을 느끼며 살아갑니다.

그러나 '바쁨'은 '열심'과 다릅니다. '바쁨'은 깨어 있지 못한 상태이고 '열심' 혹은 '열정'은 깨어 있는 상태입니다. 성도는 시간의 청지기입니다. 시간의 청지기는 시간을 알뜰하게 사용하고 효율적으로 사용하기 위하여 우선순위에 따라 시간을 관리하는 것 이상을 의미합니다. 앞 장에서 살펴본 것처럼 시간의 주인이 예수님이라는 것을 인정하고 시간의 중심에 예수님이 있게 함으로써 시간을 원상 복귀하는 것입니다. 내 삶의 주인이 되신 예수님이 중심이 되는 시간이내 삶 속에 반드시 있어야 합니다. 그때 우리는 적어도 그 시간만큼은 '주께 하듯' 하는 삶을 살 수 있습니다. '주께 하듯' 하는 것은 삶을 정성스럽고 열심히 사는 모습을 의미합니다.

___ 두 번째 햄버거의 빵: 사람에게 하듯 하지 말라

앞에서 햄버거를 소개한 적이 있습니다. 여기서 한 번 더 햄버거를 소개하려고 합니다. 그런데 여기서는 다른 형태의 햄버거가 나타납니다. 내용물이 두 개 있는 더블버거입니다.

골로새서 3장 22절과 23절에서는 아주 정교한 리듬으로 내용이 전개됩니다. '하라'는 교훈이 '하지 말라'는 교훈 사이에 끼어 있는 구조입니다. '하지 말라'는 햄버거의 빵에 해당하는 것이고 '하라'는 내용물에 해당하는 것입니다. 그런데 '하라'는 교훈이 두 개이므로 더블버거입니다. '하지 말라'는 교훈은 '하라'는 교훈을 지지하며 그 의미를 더욱 부각시키는 역할을 하고 있습니다.

사도 바울이 이 구조를 사용한 이유는 중심 부분을 강조하기 위함입니다. 특히 중심에 '하라'는 명령이 두 개 있는데 '주께 하듯 하

~하지 말고(골 3:22상)	사람을 기쁘게 하는 자와 같이 눈가림만 하지 말고
~하라(22절하)	오직 주를 두려워하여 성실한 마음으로 하라
~하고(23절상)	무슨 일을 하든지 마음을 다하여 주께 하듯 하고
~하지 말라(23절하)	사람에게 하듯 하지 말라

고'가 의미의 중심에 있음을 알 수 있습니다. 이는 '하지 말라'를 강조하기보다는 '하라'를 강조하고 있는 것입니다. 자세히 보면 '하지 말라'는 내용은 사람과 관련이 있는 반면 '하라'는 내용은 주님과 관련이 있습니다. 하지 말아야 할 것은 사람이 중심이 된 삶이고 해야 할 것은 주님이 중심이 된 삶입니다. 하지 말아야 할 것은 사람을 기쁘게 하는 일에 마음을 쏟는 것이고, 해야 할 것은 '주께 하듯' 하는 것입니다.

'주께 하듯' 한다는 것이 구체적으로 무엇일까요? 이를 위해 먼저 사람에게 하는 것이 어떤 것인지를 살펴봅시다. 우리는 사람을 기쁘게 하는 삶을 지양해야 합니다. 이 세상의 모든 가치가 하나님을 떠나고 세속화되면서 사람 중심이 되었습니다. 사람 중에서도 나 자신이 그 중심에 있습니다. 내가 중심이 되어 사는 것입니다. 이런 모습을 교회에서도 상당 부분 발견할 수 있습니다. 사람을 기쁘게 해 주는 요소가 많은 교회에 사람들이 모이는 현상이 대표적인 예라고 할 수 있습니다. 물론 그런 교회를 비판하려는 것은 아닙니다. 하나님은 그런 교회들을 통해서도 역사하시기 때문입니다.

다만 우리가 생각해 봐야 할 것은, 그 교회에 주님을 기쁘게 하고 주께 하듯 하는 성도들이 모이느냐는 것입니다. 그런 성도들이 모인 교회야말로 하나님의 역사가 있으며 이 시대를 변화시킬 것입니다. 사람이기 때문에 교회에서 작은 기쁨을 누릴 수는 있습니다. 그러나 그 중심에 '주께 하듯' 하는 것이 빠져 있다면, 주님이 중심이 되지 않는다면, 그런 성도들이 모이는 교회는 바른 교회와 거리가 멀 수밖에 없습니다.

전통적인 유교 사상도 결국은 사람이 중심입니다. 우리 사회에 깊이 뿌리내린 소위 체면 문화도 그렇습니다. 그 중심에는 사람을 기쁘게 해 주어야 한다는 생각이 자리 잡고 있습니다. 우리나라에서는 체면을 낯이라고도 합니다. 낯을 세우는 일을 좋아합니다. 얼굴이 중요하다는 것은 눈에 보이는 것에 절대적인 가치를 두고 있다는 것입니다. 가치관의 중심에 눈에 보이는 것이 자리하고 있기 때문에 사람을 기쁘게 하는 삶이 너무나 당연하게 느껴집니다.

사람을 기쁘게 하기 위하여 눈가림을 해도 된다면 영적인 부분이 무너지게 될 것입니다. 그래서 성경은 이러한 가치관에 도전합니다. 눈가림을 영어로 표현하면 '아이 서비스'(Eye Service, 눈 섬김)가 됩니다. 눈으로 보기에 좋은 것을 중요하게 여기는 모습입니다. 그런데 이 시대, 이 세상 문화가 그렇습니다. 내용보다는 눈에 보기 좋은 것, 겉으로 보기에 좋은 것을 더 높이 평가합니다. '아이 서비스'와 비슷한 말 중에 '립 서비스'(Lip Service, 입술 섬김)가 있습니다. 속마음과 관계없이 듣기 좋은 말을 하는 모습입니다. 누군가를 섬길 때 입술로만 섬기는 것은 어렵지 않습니다.

과연 나는 어떤 때, 어떤 모습으로 사람들을 대하고 있는지 돌아봐야 합니다. 사람이 중심인 행동을 하고 있지는 않은지, 내 영혼의 건강함에 손상을 주는 말과 행동을 하는 것은 아닌지, 사람을 기쁘게 하는 신앙생활을 하고 있지는 않은지, 점검이 필요한 때입니다.

____ 사울의 실수: 자존심

사람을 기쁘게 하려는 이유는 여러 가지가 있지만 그중 '자존심' 때문일 때가 있습니다. 나의 자존심 때문에 다른 사람을 섬길 수 있다는 것입니다. 그런 사람은 다른 사람의 평판이 중요합니다. 신앙생활 중에도 이런 모습이 있습니다. 남의 평판이 중요해서 교회에서 봉사하고 직분을 맡는 것입니다.

이스라엘의 초대왕 사울은 사람을 기쁘게 하려다 하나님께 버림받은 사람입니다. 그는 겉보기엔 잘생기고 키도 크고 좋은 집안에 리더십까지 갖춘 멋있는 사람이었습니다. 게다가 부모에게 순종하는 거의 완벽한 남자였습니다. 하지만 사울은 그 외모만큼이나 내면에도 눈에 보이는 것을 중심에 두는 사람이었습니다. 눈가림을 해서라도 사람을 기쁘게 하려고 했습니다. 심지어 하나님 앞에서도 눈가림하려고 했습니다.

아말렉과의 전투에서 대승을 거둔 사울은 전리품을 취하지 말라는 사무엘의 경고를 무시하고 일부를 가져옵니다. 눈에 보기에 좋은 것들을 두고 오려니까 아까웠기 때문입니다. 사무엘이 "왜 이 가축들을 진멸하지 않았는가?"라고 따져 묻자, 궁지에 몰린 사울은 "제사 드릴 때 쓰려고 합니다"라고 사무엘도 속이고 하나님도 속이는 대답을 했습니다. 이때 사무엘이 '하나님은 제사를 기뻐하는 것이 아니라 순종을 기뻐한다'고 그 유명한 말을 합니다. 사무엘의 지적을 받고 사울이 진짜 이유를 드디어 말합니다.

> 내가 범죄하였나이다 내가 여호와의 명령과 당신의 말씀을 어긴 것은 내가 백성을 두려워하여 그들의 말을 청종하였음이니이다 삼상 15:24

하지만 사무엘이 하나님이 왕위를 다른 사람에게 옮겼다면서 회개를 촉구했을 때 사울은 도리어 하나님을 속이는 눈가림을 하겠다고 노골적으로 말합니다.

> 내가 범죄하였을지라도 이제 청하옵나니 내 백성의 장로들 앞과 이스라엘 앞에서 나를 높이사 나와 함께 돌아가서 내가 당신의 하나님 여호와께 경배하게 하소서 삼상 15:30

잘못은 했지만 왕으로서 백성들 앞에서 체면을 구기지 않게 해 달라는 것입니다. 사울의 마음속에는 하나님이 원하시는 것보다 자기의 체면을 살리는 일이 더 중요했습니다. 자존심이 더 중요했습니다.

우리도 이럴 때가 많습니다. 내 자존심을 위해 다른 사람에게 보이기 위한 허황된 인생을 살 때가 많습니다. 그런데 하나님 앞에 나아갈 때 자존심을 가져갈 수 없습니다. 하나님 앞에 설 때 아무 필요도 없는 것을 세상에 사는 동안 중요하게 생각하지 말아야 합니다.

___두 번째 햄버거의 내용: 주께 하듯 하라

어떻게 하면 '주께 하듯' 할 수 있을까요? '주께 하듯' 하는 최선의 방법은 삶 속에서 주님의 임재를 경험하는 것입니다. 주님이 함께하시는 강력한 체험이 있고 주님이 함께하시는 것이 눈에 보이는데 주께 하듯 하지 않을 수는 없습니다. 따라서 주께 하듯 하는 삶을 살지 못하는 이유는 주님이 보이지 않기 때문입니다. 사람을 기쁘게 하기 위해 눈가림하는 인생을 살다 보니 주님을 만나고자 하는 소망조차 없어졌기 때문입니다.

주께 하듯 하는 삶을 소원하면 주님이 자신을 보여 주십니다. 이는 성경의 원리에 잘 맞습니다. 왜냐하면 하나님은 어디에나 계시기 때문입니다.

모든 일을 주께 하듯 할 수 있으면 좋겠지만 생각처럼 쉬운 일이 아닙니다. 그래서 우리는 예수님이 주인이 된 시간을 우리 가운데 회복시켜 놓아야 하듯이 주께 하듯 하는 시간이 우리에게 있어야 합니다. 예배드릴 때나 찬양할 때, 봉사할 때는 물론 우리 삶의 많은 영역에서도 주께 하듯 할 수 있어야 합니다. 이것이 천국의 모습입니다. 우리는 이 땅에서도 천국과 같은 삶을 살 수 있습니다.

골로새서 3장 22-23절은 더블버거였습니다. 이 구조를 통해서 우리는 "주께 하듯 하라"는 말씀이 핵심이라는 것을 충분히 이해할 수 있습니다. 뿐만 아니라 주께 하듯 할 수 있는 방법도 알 수 있습니다. 가운데 부분을 다시 살펴보면, "주를 두려워하여 성실한 마음으로"(22절)와 관련이 있는 구절이 보입니다. "마음을 다하여 주께 하듯 하고"(23절)입니다. 사도 바울은 운율을 맞춰 글을 쓰면서 '주께 하듯' 하는 방법을 우리에게 알려 주고 있습니다.

우리는 주를 두려워함으로 주께 하듯 할 수 있습니다. 22절의 "주를 두려워하여"는 주님을 향한 경외하는 마음을 나타냅니다. 이는 세상에서 느끼는 공포감이 아닙니다. 세상에서 느끼는 공포감은 그 대상과 멀어지게 만듭니다. 단절시킵니다. 그러나 하나님을 바라봄으로 갖는 두려움은 하나님과 가까이하게 만듭니다. 일치시킵니다. 그래서 하나님을 두려워하는 것은 복입니다. 사랑하므로 친밀하지만 두려워하므로 존경하는 것입니다. 친밀한데 두렵고, 두려운데 가까워지는 것을 의미입니다. 이것이 하나님의 신성과 만나는 우리의 모습입니다.

하나님을 두려워하지 않으면 공교롭게도 세상이 두려워집니다. 오늘날 수많은 사람들이 두려움 때문에 겪는 어려움이 그 증거입니다. 그것을 이길 수 있는 완벽한 방법이 하나님을 두려워하는 것입니다. 그래야만 우리는 세상을 두려워하지 않을 수 있습니다. 하나님이 나의 든든한 방패이시기 때문에 나를 보호해 주시고 내게 필요한 것을 공급해 주십니다. 하나님을 두려워하여 하나님과 가까워지고 하나님 안에 머물고 있으면 세상이 나를 감당하지 못합니다.

우리 중에는 사람을 기쁘게 하면서 꽤 만족도 높은 삶을 사는 사람들이 있습니다. 하지만 상당수는 사람을 기쁘게 하는 것이 힘들고 그래서 불행하다고 느낍니다. 사람을 기쁘게 하려는 것은 결코 세상을 바르게 돕는 삶이 될 수 없습니다. 반대로 주께 하듯 하는 것은 하나님을 섬기는 것이며 동시에 세상을 하나님의 뜻으로 섬기는 것입니다.

주께 하듯 하는 것은 주님의 임재를 경험한 성도들의 삶의 방식입니다. 그 누구도 모든 일에 주께 하듯 할 수는 없을지 모르지만 주께 하듯 하는 삶의 시간이 우리에게 있어야 하고 더 늘어야 합니다. 이것은 원리적으로 가능한 것입니다. 주께 하듯 하는 시간과 영역이 확대될수록 주님을 더 자주 만나게 될 것입니다.

생각 나누기

1. '주께 하듯' 하기 위하여 가장 먼저 해야 할 일은 내 삶의 영역 가운데 사람을 기쁘게 하려고 노력하는 모습을 구별해 내는 것입니다. 나에게 있는 '체면' '눈가림' '자존심' 등은 무엇입니까?

2. '주께 하듯' 하는 최선의 방법은 삶 속에서 주님의 임재를 경험하는 것입니다. 지나간 나의 삶 가운데 주님의 임재를 느낀 것은 언제입니까? 그때 나의 마음과 나의 신앙이 어떠했는지 말해 봅시다.

3. '주께 하듯' 하는 또 다른 방법은 하나님을 경외하는 것입니다. 그리스도인으로서 내가 하나님을 경외하는 이유에 대해서 이야기해 봅시다.

13

깨어 있음,
반전의 복이 있다

주인이 와서 깨어 있는 것을 보면 그 종들은 복이 있으리로다 내가 진실로 너희에게 이르노
니 주인이 띠를 띠고 그 종들을 자리에 앉히고 나아와 수종들리라
_눅 12:37

____ 주인이 올 때까지 깨어 있는 종이 있다

예수님 시대에 어떤 주인이 혼인잔치에 가게 되었습니다. 당시의 혼인잔치는 닷새에서 이레 동안 계속되었습니다. 그래서 주인은 집을 비우게 되었고, 종들은 주인이 없는 시간을 보내게 되었습니다. 주인이 부재중일 때 어떤 종은 자신의 신실함을 드러내 보이지만, 어떤 종은 자신의 죄성을 드러내 보입니다.

> 36 너희는 마치 그 주인이 혼인 집에서 돌아와 문을 두드리면 곧 열어 주려고 기다리는 사람과 같이 되라 37 주인이 와서 깨어 있는 것을 보면 그 종들은 복이 있으리로다 내가 진실로 너희에게 이르노니 주인이 띠를 띠고 그 종들을 자리에 앉히고 나아와 수종들리라 38 주인이 혹 이경에나 혹 삼경에 이르러서도 종들이 그같이 하고 있는 것을 보면 그 종들은 복이 있으리로다 눅 12:36-38

본문의 주인에게 평소에 일어나지 않는 일이 생긴 것 같습니다. 집에 돌아가는 시간이 평소와 달라진 것 같습니다. 집에 있는 종들이 생각하기에 주인이 돌아올 것이라고 예측하기 어려운 시간에 돌아왔습니다.

"이경에나 혹 삼경에"(눅 12:38) 주인이 돌아왔다고 합니다. 2경이나 3경은 밤에 경계를 서는 군병들의 교대 시간을 말합니다. 예수님 당시에 유대 군병들은 해 질 때부터 밤 10시까지를 1경, 밤 10시부터 새벽 2시를 2경, 새벽 2시부터 해 뜰 때까지를 3경이라 하여 3교대로 경계를 섰습니다. 한편 로마 군병들은 이를 넷으로 나누어 해 질 때부터 밤 9시를 1경, 밤 9시부터 자정을 2경, 자정부터 새벽 3시를 3경, 새벽 3시부터 해 뜰 때까지를 4경이라 하여 4교대로 경계를 섰습니다(William Smith, 《Smith's Bible Dictionary》 중 "Watch of Night"에서). 따라서 2경 혹은 3경이라 하면 한밤중 혹은 꼭두새벽을 말합니다. 사람들이 깊이 잠들어 있을 때 주인이 돌아왔다는 것입니다. 종의 입장에서는 깨어 있기 어려운 시간에 주인이 찾아온 것입니다.

그런데 본문에 등장하는 종은 준비하고 있었다는 듯이 주인을 맞으러 밖으로 나옵니다. 예수님은 그런 종에게 "복이 있으리로다"(눅 12:37) 하셨습니다.

본문에서 설명하고 있지는 않지만 집으로 돌아오던 주인은 걱정되었을 것입니다. 집주인이지만 집에 도착했을 때 아무도 문을 열어 주지 않는다면 밖에서 꼬박 밤을 새워야 하는 상황이었기 때문입니다. 그러니 그 시간에 문을 열어 주는 종이 있으면 주인이 매우 기쁠 수밖에 없습니다. 주인이 너무 기쁜 나머지 보상할 것입니다.

여기서 주인이 왜 기뻤는지를 한번 짚어 봐야 합니다. 물론 주인이 불편한 일을 모면했기 때문에 기쁠 수도 있습니다. 그러나 주인이 기뻤던 진짜 이유는 내 사람 중에 나를 진정으로 사랑하고 존경해서 자기의 불편을 무릅쓰고 주인의 편리를 도모하는 한 사람이 있었다는 사실입니다. 그래서 주인은 행복한 것입니다. 하나님은 우리가 그런 사람이 되기를 원하십니다.

주인은 종이 깨어 있다는 사실이 매우 기뻤습니다. 이처럼 자기 직무에 충실한 종을 청지기로 둔 주인은 행복합니다. 주인이 행복하기 때문에 청지기도 행복합니다. 청지기는 주인의 기쁨을 위해서 섬기고 있는데 그 주인이 자신을 보면서 행복해 하기 때문에 청지기도 행복한 것입니다.

이 청지기와 같이 전심으로 섬길 수 있는 대상이 있다는 것은 행복한 일입니다. 내 마음을 다하고 목숨을 다하며 뜻과 힘을 다해 섬길 수 있는 대상이 있다는 것이 행복입니다. 우리 주님이 그런 대상입니다.

─── 왜 깨어 있어야 할까?

누가복음 12장 35-40절에서 종은 깨어 있어서 주인으로부터 칭찬을 들었습니다. 여기서 '깨어 있다'는 것은 잠을 자지 않고 깨어서 정신 차리고 있다는 것만 의미하지 않습니다. 깨어 있는 목적을 생각해 봐야 합니다. 잠이 들지 않고 있는 것보다 더 중요한 것은 주인의 유익을 위해서 정신을 차리고 있어야 한다는 것입니다. 즉 주인이 불편하지 않도록 내가 깨어 있어야 한다는 것입니다. 주인의 마음을 알고 있으며 주인의 마음을 그대로 따르는 이 청지기의 정신, 이 청지기의 상태가 더 중요합니다.

우리는 깨어 있다고 생각하지만 여전히 내가 중심일 때가 많습니다. 내가 정신을 차리고 있으면 괜찮은 것이고 내가 정신을 놓고 있으면 안 된다는 것이 아닙니다. 주인에게 유익이 되기 위하여 내가 정신을 차리고 있는가, 이것이 관건입니다.

'깨어 있다'는 것은 신앙생활에서 가장 기초가 되는 일이면서도 가장 중요한 일입니다. 깨어 있는 것은 인생이 허비되지 않기 위한 가장 보편적인 방편이 됩니다. 또한 청지기의 필수 조건이며, 제자가 되어 가는 길에 반드시 갖춰야 할 자격 요건입니다. 신앙의 여정에서 승리하기 위한 첫 단계입니다. 그런데 이 첫 단계는 이후 모든 과정에서 기초가 되기 때문에 끝까지 간직해야 합니다. 어느 한순간 깨어 있다가 마는 것이 아니고 신앙의 여정이 마무리될 때까지 깨어 있어야 한다는 것입니다.

정신이 깨어 있는 상태와 어두워진 상태는 많은 차이가 있습니다. 정신이 깨어 있을 때는 우리가 하나님과 이웃들이 보기에 바른 일을 할 수 있지만 정신이 어두워지면 나의 유익만을 좇게 됩니다.

그런데 깨어 있는 것은 높은 수준의 지식이 필요하지 않습니다.

그렇다고 해서 숙련된 기술이 필요한 것도 아닙니다. 체계적인 훈련이 필요한 것도 아닙니다. 어느 누구나 언제든지 할 수 있는 것이며, 반드시 해야 하는 것입니다. 어느 분야를 살펴보더라도 기본적인 것은 누구나 어렵지 않게 할 수 있는 것입니다. '깨어 있음'은 신앙의 기초입니다. 그리고 '깨어 있음'은 우리의 신앙생활이 끝날 때까지 지속되어야 할 하나님의 요구이고, 우리에게 주신 하나님의 선물이라는 사실을 기억해야 합니다.

—— '깨어 있음'의 보상: 복

> 37 주인이 와서 깨어 있는 것을 보면 그 종들은 복이 있으리로다 내가 진실로 너희에게 이르노니 주인이 띠를 띠고 그 종들을 자리에 앉히고 나아와 수종들리라 38 주인이 혹 이경에나 혹 삼경에 이르러서도 종들이 그같이 하고 있는 것을 보면 그 종들은 복이 있으리로다 눅 12:37-38

이 말씀의 하이라이트는 '깨어 있음'에 대한 보상입니다. 이 짧은 구절 안에 깨어 있는 자는 복이 있다는 말씀이 두 번이나 등장합니다. 그런데 여기서 등장하는 '복'을 이해하기 위해선 예수님의 팔복 교훈을 살펴봐야 합니다.

마태복음 5장에서 예수님은 심령이 가난한 자, 애통하는 자, 온유한 자, 의에 주리고 목마른 자, 긍휼히 여기는 자, 마음이 청결한 자, 화평케 하는 자, 의를 위하여 핍박을 받는 자들이 복을 받는다고 말씀하셨습니다. 그런데 이 여덟 가지 삶은 사실 복 받은 삶이란 생각이 들지 않습니다. 심령이 가난하거나 애통하는 삶이 안락해 보이지 않기 때문입니다. 그런데 하나님은 그 인생을 반전시켜서 큰 복이 되게 하겠다고 하십니다. 결국 예수님이 말씀하신 여덟 가지 복은 반전의 복입니다.

복은 형통을 의미합니다. 그러나 형통은 아무 어려움이 없는 상태를 말하는 게 아닙니다. 어려운 상황 속에서 반전이 일어나는 것이 진정한 형통입니다. 이 세상 살면서 아무런 어려움이 없는 인생이란 없습니다. 혹시 그런 인생이 있더라도 그것은 복이 아닙니다. 진정한 복과 형통은 어려움 속에서 반전을 일으키시는 하나님의 놀라운 섭리와 역사입니다. 전능하신 하나님이 그 인생을 붙들고 있다는 사실이 드러나는 것, 이것이 복이고 형통입니다. 그래서 예수님은 반전의 복을 말씀하신 것입니다.

___ 깨어 있는 자는 주인의 섬김을 받는다

예수님은 여덟 가지 복 외에도 몇 가지 복을 더 말씀하셨습니다. 그중 하나가 '깨어 있는 자의 복'입니다. 본문에서 주인이 깨어 있는 자에게 준 보상은 대단한 복입니다. 이 세상에서 일어날 수 없는 일이기 때문입니다.

> 내가 진실로 너희에게 이르노니 주인이 띠를 띠고 그 종들을 자리에 앉히고 나아와 수종들리라 눅 12:37

주인이 종이 되어 자신의 종을 섬겼다고 합니다. 이것은 당시의 문화에서는 도저히 있을 수 없는 일입니다. 띠를 띠는 것은 다른 사람을 섬기기 위해 갖추어야 할 전형적인 모습입니다. 성경의 여러 곳에서 이런 모습을 확인할 수 있습니다. 예수님이 제자들의 발을 씻겨 주실 때 허리에 수건을 두른 것이 바로 띠를 띤 모습입니다.

> 저녁 잡수시던 자리에서 일어나 겉옷을 벗고 수건을 가져다가 허리에 두르시고 요 13:4

띠를 띤다는 것은 일할 준비가 되었다는 뜻입니다. 이 말은 육신에만 적용되는 것이 아닙니다. 마음과 영혼에도 적용됩니다.

> 그러므로 너희 마음의 허리를 동이고 근신하여 예수 그리스도께서 나타나실 때에 너희에게 가져다주실 은혜를 온전히 바랄지어다 벧전 1:13

여기서 '마음의 허리를 동이고'에 사용된 헬라어 원문을 살펴보면 '띠를 띠고'와 동일합니다. 이와 같이 주인이 오히려 종을 섬겨 주는 일, 이 세상에서는 도저히 일어날 수 없는 일을 깨어 있는 자에게 복으로 주십니다(눅 12:37; 눅 17:8; 요 13:4). 주인이 직접 섬겨 주심을 경험하는 것, 이 섬김을 받는다면 어떤 상황이라도 반전시킬 수 있지 않을까요? 이처럼 깨어 있는 자의 복은 어마어마한 것입니다.

제자는 종말을 준비하며 산다

성경이 강하고 분명하게 반복적으로 선포하는 교훈은 '깨어 있음'이 마지막을 준비하는 가장 중요한 자세라는 사실입니다. 인생에는 두 종류의 마지막이 있습니다. 하나는 개인의 인생이 끝나는 것이고, 다른 하나는 세상의 역사가 끝나는 것입니다. 전자를 '죽음'이라 하고 후자를 '종말'이라고 합니다.

예수님은 둘 중 어떤 경우라도 마지막을 준비하는 최선의 자세가 바로 '깨어 있는 것'이라고 말씀하십니다. 도둑이 올 때를 알면 그 시간을 대비하는 것이 지극히 당연하듯이 종말을 준비하기 위하여 깨어 있으라는 것입니다(눅 12:39-40). 종말은 분명히 다가오고 있습니다. 종말은 예수님의 재림으로 완성됩니다. 하지만 이런 우주적인 종말 이외에도 우리의 삶 속에서 예수님은 언제든지 우리에게 오십니다. 우리는 이때에도 역시 깨어 있어 예수님을 맞이해야 합니다.

우리 인생에는 예수님이 찾아오셔서 깊은 깨달음을 주시고 나의 인생을 깨뜨리시는 시간이 있습니다. 그 소중한 때가 어느 날, 어느 시간이 될지 모릅니다. 그래서 깨어 있지 않으면 그 은혜의 시간이 그냥 스쳐갈 수 있습니다. 아마도 천국에 가서 보면 하나님이 보내셨지만 우리가 받지 않은 선물이 창고에 가득 쌓여 있을 것입니다.

누가복음 12장 40절도 같은 맥락에서 바라보아야 합니다.

> 그러므로 너희도 준비하고 있으라 생각하지 않은 때에 인자가 오리라 하시니라

예수님의 재림은 언제 있을지 모르기 때문에 우리는 항상 깨어 있어야 합니다. 동시에 주님은 언제든지 깨달음 혹은 깨뜨림을 목적으로 나의 인생에 찾아오시기에 여전히 깨어 있어야 합니다. 깨어 있음은 이렇게 중요합니다.

한편, 한 가지 흥미로운 점은 본문의 이 비유는 누가복음에만 있다는 사실입니다. 이를 통해 깨어 있음과 제자도, 종말에 대한 준비가 청지기 정신과 밀접하게 연결되어 있다는 것을 알 수 있습니다. 그리고 동시에 소위 연장된 종말을 살아가는 삶의 지혜로서 제자도와 청지기도가 제시되고 있음을 알 수 있습니다.

누가복음 12장 2-3절에서 '세상의 모든 것이 드러나리라'의 의미는 세상에서 가장 중요한 것이 드러난다는 선포이며 이는 종말을

뜻합니다. 우리는 앞날을 알 수 없기 때문에 마지막에 가서야 무엇이 진짜 중요한 것인지를 알 수 있습니다. 그래서 종말을 전혀 모르고 사는 것이 무지입니다. 반대로 종말을 미리 알고 준비하여 그때에 자신이 옳았다는 것을 확인하는 것이 지혜입니다. 제자의 삶은 후자에 기반을 두는 삶입니다. 그러므로 우리는 그분을 두려워하고 그분의 뜻을 따르며 그 뜻을 이루어 드려야 합니다. 그렇게 할 때 우리는 그분의 공급을 받아 이 세상을 충분히 의미 있고 가치 있게 살 수 있습니다(눅 12:22-30).

성공과 생존의 탑을 더 높이 쌓기 위해 고군분투하는 우리 주변의 사람들을 보면 우리와 아주 다른 방향을 추구하는 것처럼 보이지만 사실은 같은 고민을 하고 있는 것입니다. 그래서 예수님은 "너희는 무엇을 먹을까 무엇을 마실까 하여 구하지 말며 근심하지도 말라 이 모든 것은 세상 백성들이 구하는 것이라"(눅 12:29-30)고 하면서 이런 상황에 대한 성도의 바른 길을 제시하셨습니다. 바로 다음 구절인 누가복음 12장 31-34절입니다.

> 31 다만 너희는 그의 나라를 구하라 그리하면 이런 것들을 너희에게 더하시리라 32 적은 무리여 무서워 말라 너희 아버지께서 그 나라를 너희에게 주시기를 기뻐하시느니라 33 너희 소유를 팔아 구제하여 낡아지지 아니하는 배낭을 만들라 곧 하늘에 둔 바 다함이 없는 보물이니 거기는 도둑도 가까이하는 일이 없고

좀도 먹는 일이 없느니라 34 너희 보물 있는 곳에는 너희 마음도

있으리라 눅 12:31-34

이 말씀은 성도의 새로운 가치관과 삶의 방식에 대한 요약인 것

입니다.

___ 깨어 있기 위하여

과연 깨어 있으려면 어떻게 해야 할까요? 앞에서 살펴본 것처럼

깨어 있는 것이 그렇게 복되고 중요하다면 우리가 어떻게 해야 깨어

있을 수 있는지 그 방법을 알아야 합니다. 우선 '깨어 있음'은 기도하

는 것입니다.

모든 기도와 간구를 하되 항상 성령 안에서 기도하고 이를 위

하여 깨어 구하기를 항상 힘쓰며 여러 성도를 위하여 구하라 엡

6:18

기도를 계속하고 기도에 감사함으로 깨어 있으라 골 4:2

만물의 마지막이 가까이 왔으니 그러므로 너희는 정신을 차리

고 근신하여 기도하라 벧전 4:7

성경은 곳곳에서 마지막 때를 살아가는 우리에게 늘 깨어 기도하기를 당부하고 있습니다. 아울러 우리가 삶의 자리에서 신경 써야 할 부분들이 있습니다.

> 깨어 의를 행하고 죄를 짓지 말라 하나님을 알지 못하는 자가 있기로 내가 너희를 부끄럽게 하기 위하여 말하노라 고전 15:34

깨어 있어서 죄를 짓지 말아야 한다는 것입니다. 깨어 있는 것과 죄짓지 않는 것이 이렇듯 연결되어 있습니다. 죄를 짓는 순간, 우리는 깨어 있는 상태에서 잠드는 상태로 옮겨집니다. 죄를 짓지 않으려는 노력과 함께 이루어져야 하는 것이 있는데 바로 '의를 행하는 것'입니다. 죄를 짓지 않겠다는 노력만으로 되는 것이 아니라, 의를 행하려는 노력이 있을 때 비로소 죄를 짓지 않게 됩니다.

뿐만 아니라 우리는 삶의 자리에 안주하거나 상황 속에서 낙심하지 말아야 합니다. 평안할 때라도 마지막 때라는 사실을 명심하고 깨어 순례를 해야 합니다.

> 깨어 믿음에 굳게 서서 남자답게 강건하라 고전 16:13

믿음에 굳게 서서 강건하여 낙심하지 말고 끊임없이 하나님 앞에 이르는 순례를 해야 합니다. 마지막 때를 준비하는 것이 '깨어 있음'이라고 했습니다. 그리고 잘 깨어 있기 위해서 죄를 짓지 말고 강건하며 기도에 특별히 깨어 있으라고 성경은 권면합니다.

지금 당신의 삶은 어떻습니까? 정말 어렵고 힘든 위기의 상황이라고 생각된다면 기본으로 돌아가야 합니다. 가장 기초적인 자세를 갖추어야 합니다. 그것은 깨어 있는 것으로 돌아가는 것입니다. 깨어서 기도하는 삶으로 돌아가는 것입니다.

'깨어 있음'은 모든 신앙의 첫자리이며 신앙이 완성될 때까지 지속되는 요구입니다. 깨어 있는 자의 복은 이 세상에 없는 어마어마한 반전의 축복인 것을 기억하십시오.

생각 나누기

1. 그리스도인들은 세상과 다른 가치관으로 이 땅을 살고 있습니다. 세상 속에서 예수님을 믿으며 살아가는 동안 '깨어 있음'이 필요한 이유가 무엇일까요?

2. 지난 시간 동안 깨달음 혹은 깨뜨림을 목적으로 주님이 내 인생에 찾아오신 경험에 대해 이야기를 나누어 봅시다. 그때 나는 주님의 임재를 어떻게 깨달았나요? 나의 영혼이 깨어 있었습니까?

3. 깨어 있기 위하여 힘써야 할 일들이 있습니다. 기도해야 하고 죄를 짓지 말아야 하며 의를 행하려고 노력해야 합니다. 깨어 있기 위하여 내가 오늘 하루 동안 힘써야 할 것이 있다면 무엇일까요?

참고 문헌

- 김경진, 《누가 신학의 제자도와 청지기도》, 솔로몬, 2007.
- 랜디 알콘; 김신호 옮김, 《돈, 소유, 영원》, 예영커뮤니케이션, 2006.
- 존 파이퍼; 박대영 옮김, 《돈, 섹스 그리고 권력》, 생명의말씀사, 2017.
- 열린말씀컨퍼런스, "옳지 않은 청지기의 비유" 《돈인가, 예수인가?》, 열린말씀, 2010.
- Craig L. Blomberg, *Neither Poverty nor Riches: A biblical theology of possessions*, Downers Grove: InterVarsity Press, 1999.
- Darrell L. Bock, *Baker Exegetical commentary on the New Testament; 3B, Luke*, vol. 2, Grand Rapids: Baker Books, 1996.
- F. F. Bruce, *NICGT: Commentary on Galatians*. Grand Rapids: Eerdmans, 1982.
- J. D. M. Derrett, *Law in the New Textment*, London: Darton, Longman & Todd, 1970.
- Richard Longenecker, ed. *Patterns of Discipleship in the New Testament*, McMaster New Testament Studies, Grand Rapids: Eerdmans, 1996.
- Klyne R. Snodgrass, *Stories with Intent: A Comprehensive Guide to the Parables of Jesus*, Grand Rapids: Eerdmans, 2008.
- Norman Wirzba, *Food and Faith: A Theology of Eating*, New York: Cambridge University Press, 2011.